张端然 ◎ 著

"坏"妈妈 好妈妈：

写给中国年轻妈妈的教子枕边书

金盾出版社

内 容 提 要

全书从妈妈要身体力行给孩子做好榜样、妈妈要跟孩子"心连心"、要用真心去陪伴孩子、培养孩子成为自立自强的人、给孩子一个健全的人格、保证孩子的身心健康、大师怎样做妈妈等七个方面,从正反角度分别论述了好妈妈和"坏"妈妈对孩子所采用的不同的教育方式,并针对妈妈在教育孩子中遇到的种种问题和困惑进行了深入思考,给妈妈们培养一个人格健全、素质全面,能适应现代社会需要的孩子提供了许多实用建议。希望本书能唤起每位妈妈的责任意识,成为妈妈手边必备的教子参考书。

图书在版编目(CIP)数据

"坏"妈妈好妈妈:写给中国年轻妈妈的教子枕边书/张端然著. —北京:金盾出版社,2015.1

ISBN 978-7-5082-9795-8

Ⅰ.①坏… Ⅱ.①张… Ⅲ.①家庭教育 Ⅳ.①G78

中国版本图书馆 CIP 数据核字(2014)第 256319 号

金盾出版社出版、总发行
北京太平路 5 号(地铁万寿路站往南)
邮政编码:100036 电话:68214039 83219215
传真:68276683 网址:www.jdcbs.cn
封面印刷:北京精美彩色印刷有限公司
正文印刷:北京万友印刷有限公司
装订:北京万友印刷有限公司
各地新华书店经销
开本:705×1000 1/16 印张:13.5 字数:210 千字
2015 年 1 月第 1 版第 1 次印刷
印数:1~4 000 册 定价:29.00 元
(凡购买金盾出版社的图书,如有缺页、
倒页、脱页者,本社发行部负责调换)

前言

妈妈，不仅是一个伟大的称呼，更是一份神圣的职责。有人说，推动世界的手是摇摇篮的手。其实，这说的就是妈妈。从古至今，妈妈对于孩子的作用就是非常重要的，重要程度是其他任何人都无法比肩的。在孩子成长的过程中，妈妈的角色无人能替代。

对于孩子，爸爸有着强大的影响力，而妈妈却有着强大的亲和力，这种亲和力会让孩子更容易听从妈妈的教诲，从而会对孩子的人格、心理、素养、独立性等方面的塑造与培养起到至关重要的作用。古语也说："闺阃乃圣贤所出之地，母教为天下太平之源。"可见妈妈责任的重大。所以，妈妈要做孩子的人生导师，孩子的点滴进步都离不开妈妈的科学培养。

很多妈妈也认可妈妈教育的重要性，但这种认可却只停在理论上，并没有去有效地实施。现实生活中，很多妈妈还在以一种"粗线条"的方式"教育"孩子，大吼大叫，甚至是非打即骂，无疑，这种以所谓的"权威"姿态去管教孩子是不会有什么成效的，还会让孩子反感，那就很可能成为孩子心中不想要的"坏"妈妈。当然，这里所说的"坏"并不是真正意义上的坏，而是指对孩子的教育不讲究方法，不太懂或不擅长对孩子进行好的教育。

对孩子来说，妈妈是穷是富并不是最重要的。最重要的是，您是一个好妈妈还是一个"坏"妈妈？好妈妈会设身处地地为孩子着想，

"坏"妈妈大多站在自己的立场、角度去看孩子；好妈妈立足于身教，"坏"妈妈习惯于说教；好妈妈的手，是用来给孩子鼓掌的，"坏"妈妈的手却是给孩子耳光的；好妈妈的话，是鼓励孩子，"坏"妈妈的话，是呵斥、责骂孩子；好妈妈认为教育孩子是自己的使命，"坏"妈妈则认为，教育孩子是学校、是老师的事，自己给孩子挣钱，能让他吃好喝好就行了；好妈妈的钱，能为孩子创造良好的教育条件，而"坏"妈妈的钱则让孩子坐享其成，不思进取……您想做一个好妈妈还是"坏"妈妈？

当然，每一位妈妈都想做一个好妈妈，都想把孩子培养得有出息，但具体要怎样教育孩子，如何规划孩子的成长，却还是很多为人母者拿不准的事。还有的妈妈认为，现在教育孩子的书有很多，而自己却不知道该看哪一本。其实这本《"坏"妈妈好妈妈：写给中国年轻妈妈的教子枕边书》就给妈妈们培养一个人格健全、素质全面，能适应现代社会需要的孩子提供了许多实用建议。

全书从妈妈要身体力行给孩子做好榜样、妈妈要跟孩子"心连心"、要用真心去陪伴孩子、培养孩子成为自立自强的人、给孩子一个健全的人格、保证孩子的身心健康、大师怎样做妈妈等七个方面，从正反角度，分别论述了好妈妈和"坏"妈妈对孩子所采用的不同的教育方式，并针对妈妈在教育孩子中遇到的种种问题和困惑进行了深入思考。希望本书能唤起每位妈妈的责任意识，成为妈妈手边必备的教子参考书。

今天，妈妈只有懂教育，才能培养出优秀的孩子，孩子的前程、您未来真正的家业就掌握在您的手中。天下所有的妈妈们，为了孩子，也为了您家业的传承，请认真阅读这本书！

张端然

目录 contents

第一章 身体力行给孩子做好榜样
——身教"无声胜有声"

给孩子做德行上的好榜样　　2
时刻以正确的言行去影响孩子　　7
妈妈的学习力决定孩子的成功　　11
用自己的人格魅力熏陶孩子　　16
让自己具备强烈的责任感　　21

第二章 要走进孩子的内心世界
——妈妈要跟孩子"心连心"

孩子是幸福的还是不幸的　　27
认同孩子的情绪与情感　　32
允许孩子自由地表达自己的想法　　36
要懂得倾听孩子，才能走进他心里　　41
要向孩子敞开自己的心扉　　45
孩子需要妈妈的信任和理解　　49

第三章　用真心去陪伴孩子
——最好的教育是陪伴

与孩子多分享一些时间，而不是物质	55
陪伴要用心，跟孩子"打"成一片	59
跟孩子玩各种好玩的创意游戏	64
经常跟孩子聊天，引导他说出心里话	68
关注孩子的世界要站在他的角度	72
积极谈论孩子喜欢的话题	77
控制情绪，不对孩子大吼大叫	81

第四章　培养孩子成为自立自强的人
——让孩子做最棒的自己

管教与启发，缺一不可	87
教孩子理智讲理，而不是"听话"	91
要懂得拒绝孩子的不合理要求	96
把自主选择的机会还给孩子	101
有意识地让孩子去吃点苦	106
教孩子学会大胆地与人交往	110
让孩子做家务，培养劳动能力	114
教孩子掌握保护自己的本领	119

第五章　给孩子一个健全的人格
——好的人格造就好的孩子

孩子是独立的个体，需要平等	125
要尊重孩子的各种权利	128
给孩子创造一个成长的空间	133

不拿自己的孩子跟别人的孩子作比较	137
务必培养孩子的孝心与感恩心	141
让孩子明白"人无信不立"	146
给孩子一颗仁爱心,教他"泛爱众"	151
教孩子懂得"每日三省吾身"	155

第六章 保证孩子的身心健康
——体壮曰健,心怡曰康

吃得好,少吃肉,多吃蔬食	161
睡得香,早睡早起,作息有规律	165
让平常心成就孩子的好心态	169
鼓励孩子,增强他的自信心	174
用自己的幽默感让孩子身心放松	178
让孩子做他喜欢而不是你喜欢的事	183

第七章 向名人妈妈学教子经
——大师怎样做妈妈

冰心:用妈妈的爱教孩子学会爱	189
居里夫人:跟孩子一起玩"智力体操"	194
斯特娜夫人:让兴趣做孩子最好的老师	198
甘地夫人:教孩子直面挫折,从容不迫地生活	203

第一章
身体力行给孩子做好榜样
——身教"无声胜有声"

很多妈妈在教育孩子时都喜欢言教,不管什么场合都在不停地说,有时候是教导,有时候是劝阻,有时候是训斥……一开始孩子可能会好好听,但时间久了,孩子对妈妈的话就会越来越当成耳旁风,即便妈妈再怎么苦口婆心,孩子也会充耳不闻。其实,妈妈的身体力行更会让孩子眼见为实,看得到的榜样他才更愿意去学习,这才是"此时无声胜有声"。

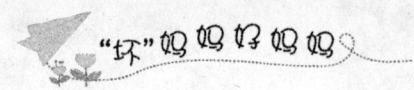

给孩子做德行上的好榜样

教育孩子什么最重要？不是学了多少知识，也不是取得了多么高的成绩，而是孩子的德行有多好。有德行的孩子自然会知道努力学习取得好成绩。德行教育的一个最主要的教育方式，就是妈妈的身教，就是妈妈在德行方面给孩子做最好的榜样。

家教现场

妈妈带着6岁的儿子去超市买东西，由于是周末，超市里人比较多。在排队等着结账的时候，后面一位顾客推着手中的购物车撞到了儿子的腿上，儿子因为疼，尖叫了一声。妈妈连忙回头查看，只见儿子的腿上红了一块，而那位顾客也连声道歉。

☆ 家有"坏"妈妈 ☆

妈妈指着那红了的一块，扭头就对着后面的顾客吼道："眼睛往哪儿看了？看不见这么大的孩子吗？那么沉的车撞你腿上试试！挺大个人了，干什么都这么不小心，毛手毛脚的，一看就不是什么好人！"

那位顾客一听也不高兴了："我都道过歉了，您怎么还这么说呢？您这不是骂人吗？"

妈妈眼睛一瞪："怎么啦？我说的是事实！我就骂你怎么了？今儿我儿子这腿要是有事，你还得给我们瞧病呢！你想怎么着？打架？谁怕谁啊！"

接着，两个人在结账处吵了起来，儿子在一旁惊恐地看着，也感觉不到腿疼了……

☆ 家有好妈妈 ☆

妈妈检查了一下儿子的腿，发现没什么大碍后，笑着对后面的顾客摆摆手说："没事儿，没什么大不了的，我们也是没注意看后面。"

后面的顾客歉意地笑了笑，把购物车往后拉了拉。

而妈妈则拉着儿子往前站了站，然后才扭头问儿子："疼吗？"

见儿子摇了摇头，妈妈才继续说道："以后我们排队也不能只看着前面，后面也要看一眼，一方面是防止别人碰了我们，另一方面也能防止我们一步后退撞了别人，记住了吗？"

儿子点了点头，还扭头对着后面的顾客笑了一下，把那位顾客也逗乐了。

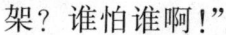
案例分析

"坏"妈妈自私而且没有口德，更严重的是得理不饶人。看似妈妈是在维护孩子，可实际上，却恰恰是她才给孩子造成了最严重的心理伤害。妈妈在孩子面前的形象一落千丈，而她和别人吵架的样子，不仅仅是让孩子感到惊恐，也会成为孩子模仿的坏榜样，以后他或许也会采取争吵甚至骂人的方式来应对类似的情况。

"坏"妈妈以后也许也会教孩子宽容，或者她也会记得提醒孩子不能出口就吐脏字，但是她在超市的这一次身教却早已印刻进孩子的记忆里，恐怕再也难以撼动，即便她再怎么提醒，孩子也会觉

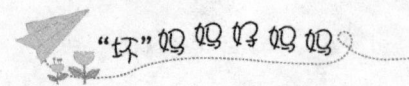

得"既然妈妈当初是那么做的,那么我也可以这么做"。

而好妈妈的做法值得提倡,她一方面安慰了孩子,同时也给孩子讲清楚了未来对这件事的处理。最重要的是,她宽容大度的表现也将成为孩子学习的楷模,更是培养孩子具备宽容美德的一次好机会。

好妈妈即便不再提醒孩子要注意宽容,可他也一定会在以后的生活中不自觉地模仿妈妈的表现,从而也成为一个讲理的人。

很多妈妈可能都喜欢言教,总是张口就对孩子说教一番,但效果却并不那么明显。可相对的,妈妈们却往往会发现,孩子总会在无意间模仿自己,在他身上总会看到妈妈某些行为的影子。

总之,培养孩子好的德行,只靠说是绝对不够的。因为德行都体现在行为之中,语言的表达不够强烈,孩子也可能会不知道该怎么做,而只有身教,只有妈妈先做出来,才能让孩子知道良好的德行表现是怎样的。

教育建议

建议一:检视孩子身上有哪些自己的影子

在很多人身上都有这样一种现象,那就是看不见自己身上的不足,但却能一眼发现别人身上的问题。虽然这也算得上是一个缺点,但妈妈却不妨将这个缺点正向来使用。

也就是说,可以经常观察一下孩子,看看他身上都有哪些做得不好的地方,尤其是德行方面都有哪些不良表现,然后再看看孩子的这种表现来源是哪里,尤其是要回忆一下与自己的表现是不是很类似。如果是很类似,那就意味着妈妈在这一方面需要有所改进了。

不过，有的妈妈一发现孩子学了她不好的一面就会非常生气，甚至会骂道："怎么就是不学好呢？"可是仔细想想，这怎么能是孩子的错呢？妈妈的各种表现，都将会在孩子身上发现影子，所以妈妈倒不如把孩子当成自己的镜子，经常检视一下自己，以帮助自己改正。

建议二：有智慧地提升自己的道德素养

要提升自己的道德素养，妈妈应该有智慧地去做，不能盲目。比如，有的妈妈可能会只提醒自己注意公民道德，当然不能说错，但却不一定全面，也不一定很细致。

与其去学习公民道德规范这样的大部头文件，倒不如先从阅读诸如《弟子规》一类的传统文化道德启蒙的书籍开始。这类书籍中提到的都是生活中的细节，而且也是基础。当然要活学活用，不可死板地抠字面的意思，而是与时俱进地学。妈妈提升了自己的德行素养，之后再去教孩子。关于《弟子规》的学习，可以参考《最彻底的家庭教育方法：〈弟子规〉里的教育智慧》一书，这本书是站在家庭教育的角度全面解读《弟子规》的，很实用。

当然，平时也可以多注意看看电视中的公益广告，对于一些生活中要注意的道德小事自己也要能做到，久而久之，自然就会养成好习惯。

建议三：人前人后都要表现出良好的德行来

总有妈妈觉得，良好的德行是表现给别人看的，所以特别是有外人在场时，妈妈的德行表现会很好。可一旦关上门自己在家里的时候，有的妈妈就像变了一个人，说话带脏字、背后嚼舌根、跟电话里的人撒谎等行为屡见不鲜。殊不知，妈妈这样的表现就会让孩

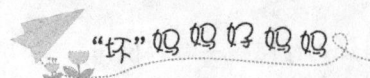

子学会虚伪做人，这反倒不能起到教育孩子的作用了。

所以，妈妈应该做到"表里如一"，不管是家里还是家外，不管是人前还是人后，妈妈都应该有良好的德行表现，成为孩子可以模仿学习的好榜样。

建议四：如果做错了也要勇敢地承认改正

虽然妈妈们都应该时刻注意自己道德方面的表现，但有时候也会在不留神的时候犯错误，比如，有的妈妈会在不经意间就口出脏话，还有的妈妈又会习惯性地开始撒谎，更有的妈妈随手丢垃圾或者随地吐痰，等等。

面对孩子纯净的眼睛或者是正直的疑惑，妈妈就应该意识到自己已经犯了错，这时不要逃避，也别掩饰，而是应该认认真真、老老实实地承认自己犯了错，要对孩子道歉，也要立刻改正，并保证以后不再犯。这其实也是一种良好的德行的体现，孩子并不会因此而看低妈妈，反而更会以妈妈为榜样。

教子箴言

德行教育是所有教育的基础，更是所有教育中的重中之重，妈妈在德行方面的种种表现都会成为孩子的榜样。显然，妈妈表现得越好，榜样的正向作用就越大。更重要的是，德行方面的榜样，对孩子的影响将会持续一生，孩子在未来能不能成为一个有德行的好人，妈妈所起到的榜样作用最为直接且至关重要。

第一章 身体力行给孩子做好榜样

时刻以正确的言行去影响孩子

孩子是天生的模仿家，而与他相处时间最长的人就是妈妈，所以孩子的言行之中，会有妈妈身上很多的影子。而这也就意味着，妈妈无论是说话还是行动都应该是正确的，否则一不小心就会让孩子学到错误的言行，而这种错误就有可能给他带来长久负面的影响。

•••◆ 家教现场 ◆•••

一个夏天的傍晚，妈妈带着5岁的女儿在小区广场上乘凉。妈妈手里拿着一袋小零食，时不时地给女儿吃一点。等到零食都吃空了，妈妈随手就把零食袋子丢在了地上。旁边一位邻居看见了，连忙说道："哎，你这样可不行啊！垃圾可不能随手丢，孩子会学的。"

☆ 家有"坏"妈妈 ☆

妈妈很无所谓地说："嗨，她什么都不懂，跟她一说'不要学'就行了。"

邻居摇了摇头说："可不是啊！她会问'为什么不要学'，她还会觉得，既然妈妈能那么做，她也就能这么做。"

妈妈依旧觉得没什么，摆摆手说："说得太神了，那么点点个孩子，知道什么？再说了，随便扔个空袋子又不是我自己一个人这么做，大家都这么做，无所谓了。"

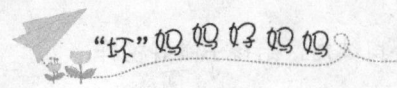

邻居摇摇头走了。

☆ **家有好妈妈** ☆

妈妈脸一红，连忙捡起零食袋子拿在手里，不好意思地说："忘了还有她了，真是马虎不得呀！"

邻居笑笑说："对呀！上次我也是忘了，随手扔了个冰糕袋，孩子很快就学会了，改的时候可不好改。"

妈妈连忙点头："我可记住了，以后一举一动真是要格外注意呀！"说完，妈妈又跟女儿说道："妈妈这样做不对，你也要记住，不能随手乱丢垃圾。"

女儿眨了眨眼睛，想了想才说："妈妈刚才做错了，现在又改正了，我也记住了。"

▶ 案 例 分 析 ◀

"坏"妈妈对自己错误的言行都感觉无所谓，只是想着跟孩子说"不要学"就够了，这当然是不够的。她给孩子树立了一个坏榜样，孩子以后也将学会并"习惯"随手乱扔垃圾。

好妈妈意识到了自己的错误，并勇敢地承认了自己的问题，同时也能想着以后积极改正。这会让孩子明白怎样的行为是正确的，而怎样的行为是不被允许的，更重要的是她看到了妈妈敢于认错并积极改正的表现，也将受到妈妈的正向影响，从而也能学会一种新的行为。

孩子对于妈妈的言语和行为都会非常敏感，如果多留意一下，就会发现孩子口中说出来的话，甚至是说话的语气、动作，都和妈妈的表现非常相像。至于说孩子的某些行为，也几乎是和妈妈如出一辙。孩子就像妈妈身边的一面镜子，妈妈做过了什么，镜子中都会反映得一清二楚；孩子也像记录妈妈各种言行的一部摄像机，随时记录，并在合适的时间重新回放。

仔细想想看，这对于妈妈来说难道不是令人非常紧张的一件事吗？自己的言行举动相当于一直被他人看着，而且还会在不知道什么时候被模仿了去。一不留神，自己可能毫不在意的错误行为，就会立刻被孩子学会并在他人面前表现出来，这将是多么令人头疼的事情啊！

而更头疼的事情应该还在后面，当妈妈发现了孩子的错误再想要去纠正时，孩子就会把从妈妈那里学来的当成借口，那么妈妈就很难再去说教孩子。

所以，身为妈妈，就应该有妈妈的自觉，应当时刻注意自己的言语行为，要用正确的言语行为去帮助孩子成长，而不要用错误的言语行为去"培养"孩子的恶习。

教育建议

建议一：时刻注意到自己身旁有一双眼睛

孩子离不开妈妈，不管到哪里，他的眼中都会看得到妈妈。所以反过来，妈妈也该注意到，自己身旁总会有一双眼睛，默默地看着自己的一举一动，哪怕是自己做错了、做得不好了，他也一样会看在眼里，并且更有可能记在心上。

当然，这种注意并不是要妈妈提防孩子，妈妈应该考虑的是怎样将正确的言行表现传达给孩子，要将这双眼睛当成自己的一个提醒器，看到这双眼睛，就要想着检视自己的言行，这样，妈妈才能

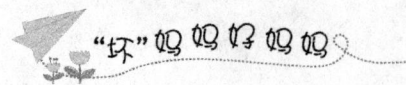

保证自己有正确的言行。

建议二：说话做事之前多思考

很多错误的言行都是在不加思考的情况下发生的，比如，带脏字的口头禅，往往都是不经大脑说出来的；随手丢垃圾，也经常是习惯成自然，等等。

当有了孩子之后，妈妈可就不能那么随便了，尤其是孩子在身边的时候，在说话做事之前可以给自己一个思考的时间，要想想自己将要说出来的话对孩子有怎样的影响，也要思考一下自己即将做出的行为可能会让孩子学到什么。有了缜密的思考，妈妈的言行就不会显得那么随便。

但是，做妈妈的也不要太过死板，自己一直有的很好的表现直接表现出来就好了，只要多注意自己做得不对、不好的地方，然后及时改正就可以了。

建议三：能意识到什么是真正正确的言行

有的妈妈可能觉得，自己说的做的都没错，比如，会觉得生气的时候骂人是正常的，就该骂；会觉得外出游玩摘个花什么的也没错，高兴就好，等等。妈妈如果一直都认为自己没错，那么孩子自然也就无法分辨怎样的表现才是正确的了，他可能也会跟着妈妈认为本来错误的言行是正确的。

所以，妈妈可不能只认自己的道理，也要看看公众的表现，看看社会上对怎样的言行是需要的，又对怎样的言行是排斥甚至是憎恶的，同时还要注意一下周围的父母们都有怎样的表现，然后再结合自己对德行的理解，总结出一个正确言行的标准。这个标准要符合社会的需要，符合道德的需求，同时也是妈妈自己能认同的，这样，妈妈的言行才算是正确的。

建议四：应该一直坚持正确的言行

正确的言行应该成为妈妈一生的习惯，不管在哪里，不管遇到什么事，不管面对什么人，妈妈的表现都应该力求正确。有的妈妈觉得只有孩子在身边的时候好好表现一下就可以了，孩子总有离开妈妈的时候，以后他就不一定会受谁的影响了。这样的想法是不对的，因为妈妈对孩子的影响将会是一生的。

教子箴言

妈妈说的话，将会成为孩子未来说的话；妈妈表现出来的行为，也将成为孩子未来表现出来的行为。每一位妈妈都想要塑造一个优秀的孩子，那么自己首先就应该严格要求自己，让自己拥有正确的言行举止。只有言行举止恰当的妈妈，才有可能培养出优秀的孩子。

妈妈的学习力决定孩子的成功

几乎天下所有的妈妈都希望自己的孩子能成为一个优秀的人。而如果想要让孩子取得这样的成功，只是督促孩子"努力学习"还是不够的，妈妈也要有学习力，妈妈在学习方面的榜样力量，才会真正地促进孩子更加发奋学习。

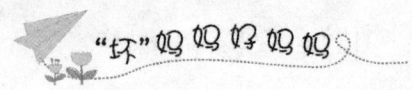

家教现场

爸爸下班刚进家门，就看见这么一幕：

妈妈坐在沙发上嗑着瓜子、看着电视连续剧，儿子坐着小凳子趴在沙发前的茶几上也扭头看着电视。但是，儿子面前的茶几上摆着的是课本和作业本，他手里还握着笔。

爸爸咳嗽了一声，儿子赶紧扭回头写起了作业。

妈妈也才发现儿子偷看电视，生气地想要训斥，却被爸爸叫到了一边，爸爸说道："你呀，你看着电视却催着孩子学习，他能愿意吗？我看啊，你也应该学习呀！"

☆ 家有"坏"妈妈 ☆

妈妈皱着眉说："啊？他学习我陪着就不错了，我还学习？真是笑话！"

爸爸摇头说："你不给他做榜样，只是催促他，他怎么能愿意呢？"

"那是他不听话，他就是欠收拾！"妈妈更生气了，"可别赖我头上！该督促的我也督促了！我看个电视都看不心静，还得看着他，我容易吗我！这孩子真是让人不省心，要不，下次你看着他？我累死了！"

爸爸叹了口气，这个话题看样子说不下去了。

☆ 家有好妈妈 ☆

听了爸爸的话，妈妈惊讶地张大了嘴说："哦，真是应该这样吗？"

爸爸点点头："当然啊！你自己都不学习，却要求他，他自然会觉得不公平啊！他会觉得，'妈妈都不学习却让我学习，还总看着我，我可不高兴'。所以，只有你认真学习了，孩子才会以你为榜样，你哪怕是看本书呢，他也会像你一样对学习认真起来呀！"

妈妈恍然大悟："我明白了！看来我也得重新拿起书本了，可不能让孩子跟着我学偷懒。"

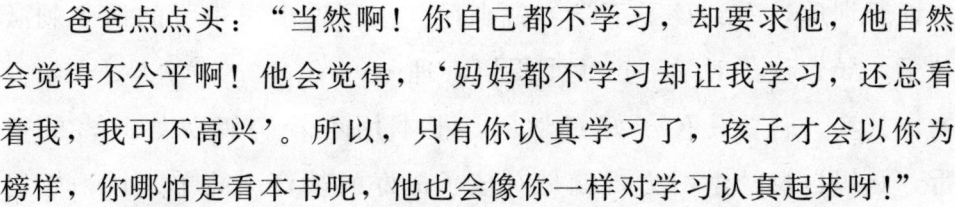
案例分析

"坏"妈妈更关注自己的感觉，自己是不是快乐，自己是不是过得舒服，却压根儿就没想到自己对孩子的影响。在学习方面，"坏"妈妈只知道催促，只知道批评，完全没有想到自己应该先有所改变。显然，在学习上，"坏"妈妈自己就没有正确的认识，她自己都不爱学习，又怎么能期待孩子也专心学习呢？光靠督促可是不管用的。

而好妈妈接受了孩子爸爸的建议，意识到如果自己不学习，那么再教育孩子也将没有足够的说服力。为了孩子，她能说服自己重新拿起书本学习，当她的学习力增强时，孩子的学习自然也就不成问题了。

孩子的学习几乎是每一位妈妈最牵挂、最重视的，妈妈们总是期望孩子能在学习上取得好成绩。可是，很多妈妈在这方面的教育却令人担忧。比如，有的妈妈只是不停地催促，催着孩子好好学习，渐渐地孩子被催促得烦了，最终也就不愿意学习了；还有的妈妈喜欢说教，总是苦口婆心的样子，以关心的口吻不断地劝说孩子，结果孩子内心有了极大的压力，越发不喜欢学习；更有的妈妈

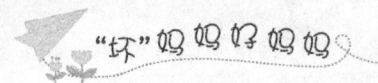

习惯于训斥，看到孩子不学习就训斥，甚至说出很难听的话来刺激孩子，导致孩子对学习产生了畏惧心理……

其实，若要让孩子好好学习，根本用不着妈妈费如此多的口舌，妈妈自身的学习力，就是对孩子最好的教育。简单来说，妈妈如果自己能努力学习，并且有毅力坚持下去，而且有足够强大的学习能力，若是能取得一些成绩就更好了。这样一来，孩子眼中的妈妈就是一个最棒的学习榜样，他在不知不觉中就会跟着妈妈一起努力起来。

教育建议

建议一：寻找可以学习的时间和内容

很多妈妈的身份不仅仅是妈妈，还是家庭主妇，还是员工或者单位领导，再简单一些说，单从成年人的角度来看，妈妈的时间也是很紧张的，每天似乎都有许多事情要做。但这并不是理由，时间都是挤出来的，只要有心学习，就一定能找出学习的时间。比如，每天晚饭后，比如睡前，哪怕只有一个小时，甚至是半小时，也能学到很多东西。所以，妈妈应该能合理安排每天的时间，专心致志地去做好各种事情，以腾出时间来专心学习。

有的妈妈也觉得身为成年人，该知道的都知道了，还能有什么可学的呢？当然不是了！还有很多东西值得学习，妈妈可以试着找找自己的兴趣爱好，比如，学一门外语，不管是英语、日语，还是法语、德语，多学习一些总是对自己的一种充实；还比如，学一门技术，电脑上的PS技术、编程技术，生活中的编织技术、修补技术；再比如，学习中华优秀传统文化，从传统文化中学习如何经营

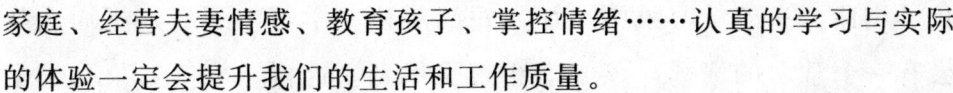
第一章 身体力行给孩子做好榜样

家庭、经营夫妻情感、教育孩子、掌控情绪……认真的学习与实际的体验一定会提升我们的生活和工作质量。

总之，妈妈要找到自己学习的动力，要让自己时刻都有想要学习的热情，这样，妈妈的学习就会有主动性，这种主动性也会给孩子带来好的影响。

建议二：要有坚持下去的决心

学习力的另一个重要体现就是毅力，就是妈妈能不能坚持学习下去。有的妈妈的学习就是简单地做做样子，给孩子看看就算了。这样是不行的，妈妈的学习也要坚持下去，不能半途而废，不能知难而退。一旦决定了要学习什么，就要专心投入。

比如，准备学习英语，就要给自己准备一本合适的教材，教材翻开后就要一直翻下去，不能只看了几页就放弃了。一定要从头到尾都看完，该练习的地方练习，该勾画的地方也要有笔写的痕迹，并且要学进去，该记忆的东西要记忆，最好能见到学习的成效。当然，学习其他的课程，也应该是类似的情形。

建议三：为孩子表现出强大的学习能力

想要孩子好好学习，只是告诉他该怎么学是不够的，妈妈要有强大的学习能力，让孩子看到这样学习是有效果的，他才会主动去参照着学习。

所以，妈妈的学习不能只是翻开一本书就那么简单地一页一页看下去，而是要有一些学习的方法。比如，记笔记、作摘抄、写感想，等等。各种有效的学习方法的使用，会让孩子也感到信服，他就会模仿或者借鉴妈妈的方法，从而提升他自己的学习能力。

建议四：为孩子创造一个良好的学习环境

这里所说的良好的学习环境，就是指妈妈通过自己的学习来为

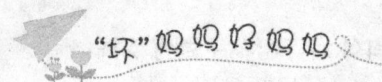

孩子创造出来的学习氛围。如果妈妈能认真学习,那么妈妈周边就会有一个学习的气场,孩子也会感受得到。这样一来,如果孩子学习的地方能看得见妈妈,他会受到妈妈的感染,也认真学习起来;就算孩子看不见妈妈,一想到妈妈都能认真学习,他自己也就不会那么懒散了。

因此,妈妈学习的时候一定要认真,找个更适合学习的地方,可不要在沙发上随便一歪,边吃零食边学习,最好也给自己找张桌子,坐在椅子上,翻看一本适合学习的书,千万不要拿本杂志充样子,否则也是在给孩子做个偷懒的榜样。因为在孩子眼里,报纸和杂志都是用来消遣的,那不是学习。

教子箴言

如果想要让孩子好好学习,最好的教育方式就是妈妈自己也能主动去学习。当妈妈能主动拿起书本时,孩子也会对自己的学习产生浓厚的兴趣和强大的责任感。尤其是妈妈如果能学有所成,那么孩子自然也会在妈妈的影响下,在自己的学习上取得好成绩。

用自己的人格魅力熏陶孩子

每位妈妈对自己的孩子都抱有很多期望,其中之一就是希望孩子能成为受欢迎的人,而能不能受欢迎的一个主要原因,就是看孩子是不是有足够的人格魅力。对孩子人格魅力的培养,其实也与妈妈的榜样作用密不可分，妈妈需要用自己的人格魅力给孩子以熏陶。

家教现场

9岁的孩子回家后沮丧地告诉妈妈："转学以后，和班上的同学怎么也熟悉不起来。"

妈妈说："你和他们主动交朋友了吗？"

孩子说："我刚去，怎么好意思？他们都互相熟悉，就我一个谁也不认识，都不好意思和他们说话，他们也都自己玩自己的。"

☆ 家有"坏"妈妈 ☆

妈妈不屑地摆摆手说："他们不理咱们，咱也就不理他们，他们一定是嫉妒你从好学校转过去的，要不就是嫉妒你学习成绩好。"

孩子惊讶地看着妈妈："真的吗？"

妈妈肯定地点点头："肯定的！现在社会上全是这样的人，妈妈就遇到过不少，咱周围这样的人可多了。你也要小心，别理那些学习不好的孩子。"

孩子半信半疑地点了点头。

☆ 家有好妈妈 ☆

妈妈笑笑说："原来是害羞啊！妈妈能理解，当初我到一个新单位的时候，也和你一样，不好意思和大家说话。"

"那妈妈是怎么做的呢？"孩子好奇地问道。

"嗯……"妈妈回忆了一下说，"后来，我就真诚地去和大家打招呼啊，有什么事也更认真地去做，对于别人的问话也好好地回答。哦，对了，妈妈告诉你一个秘密，你和同学们见面以后，要记得多微笑，有集体活动也要积极参加，有同学需要帮助的时候也要

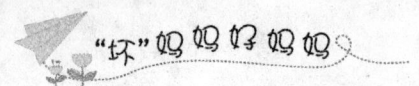

主动上前……当时妈妈就是这样做的,很快就交到了好朋友,妈妈相信你也一定可以的!"

孩子沮丧的表情慢慢消退了,取而代之的是一副跃跃欲试的神情……

案例分析

"坏"妈妈自己就表现得自私而多疑,面对孩子的疑惑,她又将这种并不利于培养良好人格魅力的性格特征也展现给了孩子,最终将可能导致孩子也和她一样,变得自私而多疑。

好妈妈显然更具有人格魅力,她不仅体谅了孩子的感受,还用自己的亲身经历给了孩子一个学习的榜样,并给他提供了解决当下问题的好办法,相信孩子在妈妈的帮助下,也能很快摆脱新入学时的尴尬,并融入新的班集体之中,和更多的同学成为好朋友。

所谓人格魅力,其实就是指一个人在性格、气质、能力、道德品质等各方面都有很吸引人的能量。可以说,如果一个人在社会中能够受到他人欢迎,能被他人接纳,就意味着他已经具备了一定的人格魅力。

确切些说,人格魅力看不见、摸不到,所以,有些妈妈可能就不知道怎样才能让自己有人格魅力,当然也就更不知道如何培养孩子的人格魅力了。显然,单纯地从书上去寻找恐怕很难找到真正对症且行之有效的培养方法,那么又该如何对孩子进行人格魅力的培养呢?

事实上,对孩子人格魅力的培养,最主要的还是来自妈妈自身人格魅力的熏陶。也就是说,如果妈妈本身就是一个颇具人格魅力的人,那么她的人格魅力也会感染孩子,孩子会不自觉地开始对妈妈的种种表现进行模仿，并且逐渐具备像妈妈那样的良好的性格特征，从而让自己也逐渐具备良好的人格魅力。

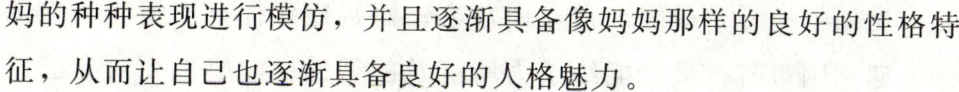
教 育 建 议

建议一：让孩子看到自己的理智

理智的妈妈最能带给孩子一种安心的感觉，在孩子眼中，拥有敏锐的感知能力，具有丰富的想象力，有很强的逻辑思维，并有强烈的创新意识和创造力，还能够在任何时候都能够掌控自己的情绪与行为，这样的妈妈便是理智的妈妈。

所以，尤其是在遇到各种问题时，妈妈要让孩子看到自己不焦虑、不烦躁、不失控的表现，而不要表现得六神无主，要按部就班地、稳妥地将事情处理好。

建议二：教孩子学会好好地掌控自己的情绪

总是闹情绪的人势必不会得到他人的好感，所以，妈妈还要以自己为榜样，教孩子学会控制自己的情绪。妈妈要经常保持一种积极乐观的态度，面对问题时，要尽量保持冷静，不因为一点点挫折或者困难就表现得沮丧、急躁，要让自己有平和稳定的情绪，即便是在困难时期也能保持舒畅的心情，并镇定地面对困难。

建议三：向孩子展示自己良好的人缘

好人缘能很好地体现一个人拥有人格魅力。正是因为一个人拥有人格魅力，所以才会吸引众多的人与之结交甚至与之成为好朋友。所以，妈妈也应该尽量向孩子展示自己良好的人缘。

比如，在和邻居相处时，妈妈应该有真诚、热情、友善的态

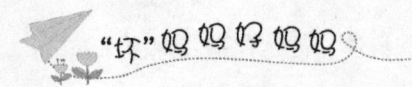

度，见面打招呼，最好经常互通往来；妈妈还要拥有同情心，在周围人遇到困难时，最好能给予力所能及的帮助；妈妈也要对自己严格要求，在众人面前不自傲、不自卑，能勤奋认真地做好自己的事情，尤其是和周围人的合作，等等。

最简单的一点，就是妈妈要和周围的人搞好关系，或者经常能和朋友们有联系，这样孩子才能感受到什么是好人缘。

建议四：做一个有意志力的妈妈

意志力也是人格魅力的一个重要体现，有意志力的人会有明确的奋斗目标，并自觉为这个目标而努力，不畏惧困难，会积极主动地行动起来，而且有足够的自我控制力。

所以，在孩子面前，妈妈也要让他看到自己坚强的意志力。尤其是在遇到困难时，妈妈毫不退缩，并积极想办法的表现，一定会让孩子受到触动。当然，有意志力的前提是不冒险，要能保证自己和孩子的安全。

建议五：教孩子多注意各种细节

人格魅力的体现有时候需要以细节作为辅助，所以妈妈要多给孩子作一些示范，教他能通过完善细节来不断塑造人格魅力。

比如，要经常面带微笑，真诚地与他人打招呼；不强势抢话，善于倾听和体谅；不经常对人诉苦，总是保持乐观的情绪状态；要有包容的胸怀和坦诚的交往态度，等等。

这些细节，妈妈自己要格外注意，形成一个良好习惯，不做作地展现给孩子，当孩子有疑问的时候，还要给他讲讲为什么要这么做，帮他更好地理解细节对展现人格魅力的重要性。

第一章 身体力行给孩子做好榜样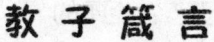

教子箴言

人格魅力的培养不是一朝一夕就能完成的,需要妈妈在日常生活中不断有所表现,而且是要表现出正能量的一面,从而让孩子能从这些表现中有所感受,并通过学习来获得。所以,在培养孩子的人格魅力方面,妈妈一定要重视起自己的人格魅力的培养,当妈妈具备足够的魅力时,孩子自然也会开始闪现魅力的火花。

让自己具备强烈的责任感

责任感是每个人都必须具备的东西,人只有有了责任感,才会具有不断前进的动力。培养孩子的责任感,妈妈也要从自己开始入手。当妈妈就是一个具有强烈责任感的人时,孩子也会深受妈妈的影响,从而也开始意识并逐渐培养自己具备强烈的责任感。

┅┅➤ 家 教 现 场 ◄┅┅

国庆七天假期要结束了,假期最后一天的晚上,孩子明显没玩够,赖在床上对妈妈撒娇说:"妈妈,我明天不想上学了。"

"为什么呢?"妈妈好奇地问。

"还想再玩一天。"孩子打着滚说,"就一天,妈妈。"

☆ **家有"坏"妈妈** ☆

妈妈想了想说:"你这么一说,我也不想上班了。这样吧,明

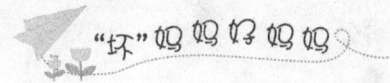

天我们都不去了，再去玩一天。"

孩子高兴地从床上跳起来："真的？太好了，真是好妈妈！"

妈妈得意地笑笑："明天妈妈给你跟老师请假，妈妈也得想个理由请假，然后我们好出去玩。"

☆ **家有好妈妈** ☆

妈妈摇了摇头说："那可不行啊！你现在已经是小学生了，可不能这么懒散了。上学就是你的责任，你得有责任感呀！"

孩子撅着嘴说："就一天都不行吗？"

妈妈点头："对，不行！你看，明天妈妈也要去上班，虽然妈妈也觉得没放够假，不过妈妈一想到单位里还有必须做的事情，就再没有偷懒的想法了。上学是你的责任，可不能因为贪玩就把这个责任抛到脑后呀！"

听了妈妈的话，孩子想了一会儿才说："好吧，妈妈，既然您都这么想了，我也要向您学习了。"

案例分析

"坏"妈妈自己就没有责任心，一心就只想着偷懒，所以她给孩子出的也是馊主意，结果也就连带着孩子变得没有了责任心。不仅如此，孩子还跟着她学会了撒谎，学会了逃避责任，以后孩子可能就会变成一个毫无责任心的人。

好妈妈很诚实地承认了自己与孩子拥有同样的感受，但是她却教孩子该如何应对这样的感受，同时用自己的责任感去感染孩子，让孩子也能意识到自己需要负责任，不能因为自己想要偷懒就逃避责任。就算现在孩子依然不那么情愿，可是相信他以后一定会明白责任感对他的重要性。

责任感就是能自觉主动做好该是自己做的所有事情的一种精神状态。有责任感的人，才会有不断前进的动力，才会有不断进步的可能。责任感也是一个人体现自我价值的重要基础，同时也是一个人获得大家都认可与尊重的重要条件。

身为妈妈，一个最基本的责任就是教育孩子，所以，不要因为自己缺乏责任感而做出毫无责任感的事。妈妈一定要具备强烈的责任感，不管是教育孩子这项责任，还是其他该担负的或大或小的责任，妈妈都应该承担起来。

负责任的妈妈在孩子看来会很有妈妈的威严，孩子也会更愿意听从妈妈的教诲。而且妈妈的责任感也会让孩子感觉到责任的重要性，当妈妈再跟孩子提及责任感时，孩子更容易接受，从而让自己也变得更有责任感。

教育建议

建议一：从孩子小时候起就向他展现责任感

很多妈妈觉得"责任感"这个词太过于高深，给那么小的孩子讲解或者展示，他们不会懂。其实不然，责任感也需要从孩子小时候起就开始向他展现，并且在他可以理解的时候，给他作一些简单的解释，帮助他更好地认识责任感。

妈妈在孩子面前做任何事的时候，都应该尽职尽责地做好，即使是在孩子还不会走、不会说的时候，他的眼睛会看得到妈妈的表现，耳朵也会听得到妈妈的话语。所以，妈妈从成为妈妈那一刻起，就绝对不能掉以轻心。如果有可能，妈妈也可以边做边说，告

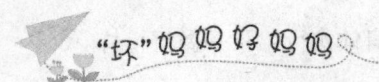

诉孩子自己在做什么，为什么这么做，不要看他小，他也是能看得懂妈妈的行为的。

建议二：多给孩子讲讲什么是责任感

当孩子逐渐懂事之后，妈妈可以找时间多给孩子讲讲什么是责任感，帮助他由浅入深地了解责任感，知道责任感对一个人的重要性。讲的时候最好结合自己的亲身经历，这样才能更有说服力。同时，也要给孩子指点出他应该负起的责任，尤其是在孩子不想做事或者偷懒时，就可以用责任感来点醒他。

但也不要总拿责任感来说事，更不要总用责任感来批评孩子，否则孩子会觉得责任感是个坏东西，他也许会有逆反心理，从而拒绝承担自己的责任。也就是说，妈妈应当多用正向的语言来讲述责任感、表现责任感，这样孩子才会更好地理解。

建议三：不管什么时候都要表现出责任感来

责任感的体现是不分时间地点的，只要是需要自己负责任的事情，妈妈就要不遗余力。比如，原本自己想要休息，但是发现还有事情要做，那么就要先赶紧把该做的事情做完，然后再休息。在孩子面前，可不要偷懒，也不要总是找各种借口，好好表现才是正确的。

特别是在自己感到烦躁，不想动的时候，不要总给自己开脱，找借口，妈妈应该时刻注意到自己有教育孩子这个责任，可不要因为自己的一时偷懒，就让责任感教育功亏一篑。

建议四：教孩子应对某些责任感带来的厌烦

有时候，有些责任感会让人感觉很厌烦。就拿前面说的，本来很累已经想要休息了，可却依然要把该做的事情做完，这时候人就

第一章 身体力行给孩子做好榜样

很容易变得烦躁起来。但是,烦躁归烦躁,该做的事情却一样都不能少。可孩子显然并不明白这样的道理,他可能会觉得很委屈,这时妈妈就要教他学会应对这种厌烦感,以更好地将事情做完。

可以让孩子先暂时休息调整一下,不过这个休息时间不能太长,三五分钟即可,在这段时间里要好好想想要做的事情,梳理一下顺序,提醒自己"做完就好了"。妈妈这个时候最好陪伴在孩子身边,给孩子鼓励、打气,帮助他建立起责任感。

教子箴言

责任感本身也是一个看不见摸不着的东西,尽管可以给孩子解释责任感的含义,但显然凭借他的理解能力,还是不能更准确地了解责任感到底是什么。所以,还是需要妈妈的表现来向孩子展示责任感,不管是做什么事,妈妈强烈的责任感才会让孩子感受到责任感的重要。

第二章
要走进孩子的内心世界
——妈妈要跟孩子"心贴心"

教育孩子的确需要"面对面",但如果只是单纯地从面上去说教,甚至只是从表面去判断孩子的言行是不是出了问题,这都是不合情理的。教育孩子一定要走进孩子的内心,要了解他的内心到底在想什么,他真正的问题到底出在哪里,这样,妈妈就能从孩子的内心深处找到进行教育的切入点。更重要的是,妈妈的心贴心更能让孩子感受到温暖,所以他也就会更愿意接受妈妈的教育。

孩子是幸福的还是不幸的

关于幸福似乎没有一个确切的标准，每个人对幸福的理解都不一样，即便是孩子，对幸福也会有自己的理解。所以，妈妈不能仅仅依靠自己的判断，就单方面认为孩子是幸福的或者是不幸的，最好还是多了解一下孩子的内心，从而真正了解孩子的幸福。

家教现场

一天，孩子放学回家后突然对妈妈说："妈妈，我觉得很难受。"

"哦？"妈妈疑惑地问，"怎么了？"

孩子说："没什么，就是觉得不幸福……"

☆ 家有"坏"妈妈 ☆

"什么？"妈妈立刻打断了孩子的话，"你还敢说不幸福？"

孩子被吓住了，张了张嘴没说出话来。

妈妈继续说道："家里有好吃的先紧着你吃，你想要什么玩具、衣服，爸爸妈妈都买给你，你说要去哪儿玩就去哪儿玩，你还想怎么着？你爸爸每天都那么忙，还总想着给你带礼物，你真是身在福中不知福！没事找事！"

孩子没再说话，可脸上写满了委屈。

☆ 家有好妈妈 ☆

妈妈摸了摸孩子的头说："为什么这么说呢？来跟妈妈说说心

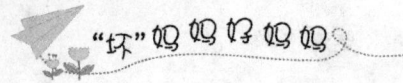

里话吧!"

孩子叹了口气说:"就是觉得上学好累,每天都要学那么多东西,还得考试。"

妈妈笑了笑说:"是啊,上学的确是挺累的。不过你想想啊,虽然很累,但是你却已经学会了那么多的知识。而且,你还在学校里认识了那么多好朋友,老师对你也很好,学校里还经常组织有趣的活动,这些你不觉得有意思吗?"

孩子想了想,然后说:"这么一说……好像也是,好吧妈妈,我最近就是觉得太累了。"

"那就休息一下吧。"妈妈说,"让身体和精神都恢复恢复,没准儿明天就好了。"

案例分析

"坏"妈妈只关注了表面,却没有了解孩子的内心,她只是凭借自己的主观判断,就认为孩子是无理取闹。结果孩子真正感觉不幸福的原因她可能永远都无法知道了,因为孩子也许已经不愿意再和她说了。

好妈妈没有直接下结论,而是引导孩子说出自己的心里话,让他内心的郁闷情绪得到了释放,同时也找到了他感到不幸福的原因。相信经过妈妈的开导,孩子会慢慢地解开心结,逐渐恢复以往的快乐。

几乎所有的妈妈都认为自己已经很了解孩子了,可事实却是,孩子对幸福的理解与成年人的理解一定是不一样的,没有人能够猜透孩子到底在想什么,他的思维方式往往都会很奇特。所以,

第二章 要走进孩子的内心世界

不要用成年人的思维去推测孩子的感觉，更不要直接就判断他的想法。应该给孩子足够的自我思考的时间，引导他说出自己的内心感受。

如此一来，孩子会认为妈妈是明白自己的，他也更愿意和妈妈聊天，而通过聊天，妈妈才能了解孩子对幸福的理解，并明白他为什么感觉到幸福，或者是为什么感觉到不幸福。当完全了解之后，妈妈才能针对孩子真正的感觉来采取相应的措施。如果孩子觉得幸福，那就要顺应孩子的感觉让他继续幸福下去；如果孩子觉得不幸福，就要想办法解决他感到不幸福的原因，让他重新幸福起来。

因此，妈妈要加强与孩子内心的对话，这样才能体会孩子对幸福的感觉，并帮他一直幸福下去。

教育建议

建议一：平时多观察孩子

孩子一般来说都是单纯直接的，尤其是年龄稍小一些的孩子，他们是幸福还是不幸福，往往都会直接写在脸上。所以，妈妈在平时应该多观察孩子，及时察觉到他的情绪变化，如果他感到开心，就意味着他这时候没有太多不好的感觉，所以他就是幸福的；如果他的情绪变了，脸上挂上了愁容或者感到很不开心，那么妈妈就要多注意了，他此时可能已经感觉到不幸福了，这时他就需要妈妈的帮助了。

建议二：及时了解孩子的不良情绪

当孩子出现不良情绪时，妈妈要及时注意到，并且最好在第一

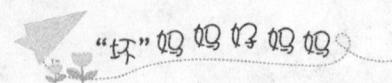

时间予以关注。这时妈妈应该将注意力都放在孩子身上，要关注他到底怎么了，而不能只从自己的主观角度去考虑。

比如，有的妈妈会认为自己本来正忙着，孩子突然有了情绪，这就是孩子在给自己添乱。这样的想法势必会让妈妈对孩子的态度变得很严厉，也许有的妈妈还因此而训斥孩子不懂事，这无形中就会让孩子感到更加不幸福。

所以，遇到孩子情绪不好的时候，妈妈最好先暂停手上的工作，用一点点时间来给孩子全部的关注，询问他怎么了，了解他的不良情绪到底来自哪里，并且尽可能地帮他排解这种情绪。

建议三：对孩子合理的幸福要求要予以满足

孩子不幸福的时候，他的不良情绪能够提醒妈妈注意，这时妈妈可能都会格外关注孩子。其实当孩子感到幸福的时候，妈妈最好也要关注一下，尤其是当孩子提出想要让自己更开心、更幸福的要求时，如果他的要求很合理，那么妈妈就要满足他的要求。

举一个例子来说，孩子第一次去新开的游乐场，感觉很开心，他可能会对妈妈说："妈妈，下星期我还想来玩。"这时妈妈最好给孩子一个确切的回答，比如可以说："如果下星期妈妈和爸爸没有什么别的事情，我们就来；如果有了别的事情，我们安排其他时间再来，你看怎么样？"这样的回答会让孩子的幸福感、满足感能一直继续下去。

建议四：教孩子努力去寻找幸福

幸福不是某一样实体东西，说拿起来就拿起来了，幸福是一种感觉，妈妈可以教孩子努力去寻找幸福。

比如，有一位妈妈这样对因为总看不到在外地工作的爸爸而感觉不幸福的孩子说："爸爸很忙，如果他不能经常来看我们，那么我们何不主动联系他呢？你看，你可以给爸爸打电话，也可以在网上和他聊天。等到你放了假，我们还可以坐着高铁去看他，这些都是我们可以期待的美好的事情，想想看，即将要联系到爸爸、看见爸爸了，难道你不觉得高兴吗？"

如果想要的幸福没有向自己走过来，那么自己就应该努力一下，抬脚向它走过去。所以，妈妈也要教孩子付出努力去追求幸福，干等着不是办法，要多开动脑筋，多想办法，多去行动，自己努力了、付出了，就可能让自己变得幸福起来。

建议五：引导孩子学会感受幸福

虽然妈妈需要发现孩子的不幸福，需要教他学会追求幸福，但是有时候孩子还是真的会"身在福中不知福"，所以，妈妈也要引导他学会感受幸福，让他能意识到自己周边其实一直围绕着幸福。

平时妈妈可以给孩子讲讲他身边的小幸福，当然这种讲述不能是刻意的，而是要顺其自然地讲。比如，吃饭的时候，妈妈可以说："看，今天妈妈做了一道新菜，饭店里的菜我们在家也能吃了，幸福吧？"如果给孩子买了新鞋子，妈妈还可以说："瞧啊，这是今年的新样式，穿着多好看！妈妈都替你感到幸福。"坐车外出的时候，妈妈也可以说："哦，今天天气真热，还好，爸爸攒钱买了车，我们出门不用晒着大太阳，真幸福！"

妈妈要多提醒孩子注意到类似的小事，这样他就不会总觉得幸福必须是多么大的事情了，他也会注意到自己身边的小小的幸福，从而让自己变得越发平和，越发能感受到幸福。

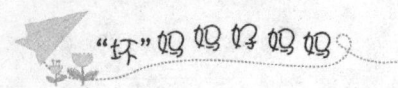

教子箴言

幸福是一个永恒的话题,所以,妈妈最好能经常跟孩子聊一聊与幸福有关的事,多发现孩子的内心感受,尽量帮他消除不幸福的感觉,引导他发现更多的幸福,教他学会通过自己的不懈努力来获得更多的幸福。孩子只有踏对人生的脚步,才会拥有幸福的人生。

认同孩子的情绪与情感

每个孩子最初都是情绪多变的"六月天",也都是情感丰富的"表情帝",各种微妙差别的情绪与情感变化在他身上都会表现得淋漓尽致。妈妈应当认同孩子情绪与情感方面的各种变化,这样才能更好地把握孩子的情绪与情感,从而真正做到和孩子"心贴心"。

家教现场

孩子放学回家后就很不开心,妈妈让他做什么事他也心不在焉,如果妈妈催促得急了,他还会很不高兴地摔打一下手里的东西。

看见孩子情绪不对,妈妈只能先让他停下手里的事情,问道:"今天这是怎么了?"

孩子没好气地说:"不高兴!"

第二章　要走进孩子的内心世界

☆ **家有"坏"妈妈** ☆

妈妈皱了皱眉说:"不高兴?你不高兴就回家来跟妈妈撒气?"

孩子一听更不高兴了:"我没跟您撒气,可我就是不高兴!"

妈妈生气地说:"还犟嘴?你说你有什么不高兴的,妈妈天天伺候你吃伺候你喝,你还不高兴,你就是太享受了!"

孩子越发不高兴了,一甩手就跑回了自己的房间。

☆ **家有好妈妈** ☆

妈妈此时也停下了手里的事情,走过来轻声问道:"怎么了?妈妈不高兴的时候也是什么都不想干。来,跟妈妈说说!"

听见妈妈这样说,孩子感觉好像找到了发泄的出口,连忙说道:"同桌忽然不理我了。"

"哦,这样啊。"妈妈摸摸孩子的头说,"那确实是挺不好受的,本来挺好的朋友,有什么原因吗?"

孩子连忙又说了起来,就这样,母子俩开始聊了起来……

案例分析

"坏"妈妈关注的重点显然偏离了,她忽略了孩子的情绪与感情,只自以为是地认为孩子不应该有不高兴的情绪,孩子就是因为觉得妈妈不理解他,所以才会感到更加不高兴,直到最终母子两人不欢而散。

好妈妈从一开始就注意到了孩子的情绪变化,并且用感同身受的说话方式来引导孩子发泄自己的情绪,看看好妈妈与孩子的"后续发展",母子俩能温馨地一起聊天,相信孩子内心纠结的情绪能很快在妈妈的帮助下排解开。

孩子的情绪与情感其实都很好发现,因为他大都会把自己的高兴、悲伤、生气、郁闷摆在脸上,几乎是一眼就能看出来了。但是,关键就在于妈妈是不是愿意去发现,并愿意去认同,然后再给予安慰或帮助。

总有妈妈觉得小孩子的情绪和情感算什么?成年人整天那么多事,哪儿能总是关注他呢?再说了,孩子也不过就是哭一哭、闹一闹,情绪来得快去得也快,不用理他他自己一会儿也能好。

事实并不是这样的,孩子之所以愿意把情绪和情感展现出来,是因为他觉得妈妈是他最亲近的人,是他能信赖的人,他希望妈妈能理解他,更希望妈妈能给他一些帮助,这也是他的一种情感需求。可如果妈妈忽略了这种需求,对孩子的情绪情感视而不见,那么孩子可能就会觉得妈妈是不关心他的,他也就会离妈妈越来越远。到最后,妈妈可能觉得孩子不再有什么情绪表现是变稳重了,其实不然,这只是孩子不愿意再在妈妈面前表现情绪了,他与妈妈已经有了隔阂,这是多么悲哀的结局!

所以,不要让孩子变得这么悲哀,做妈妈的要对他的情绪和情感尽量感同身受,当妈妈具备足够的同理心时,孩子也会愿意与妈妈心贴心。

教 育 建 议

建议一:不要指责孩子的不良情绪

前面提到过,有些妈妈对于孩子的不良情绪会感到非常烦躁,于是便会指责孩子,认为他是在无理取闹,但这显然并不是孩子的本意,所以妈妈要体谅孩子。尤其是年龄小的孩子,对不良情绪的处理没有那么好，所以当他遇到让人情绪不好的事情时，往往都是不知所措的，他的感情也是不知道该如何调节的。这时，妈妈应当理解他的这种感受，更要体谅他。千万不要因为孩子情绪不好，结果连带着自己也情绪不好，要想到此时的孩子是最需要妈妈的，所以妈妈要成为他温暖而安全的依靠。

建议二：站在孩子的角度去体会他的情感

若想要认同孩子的情绪和情感，最简单的一个办法就是站在孩子的角度去体会。比如，当孩子感到悲伤时，可能从成年人的角度觉得那没什么，但如果从孩子的角度去看他悲伤的原因的话，也许就会发现这对于小小的孩子来说，的确是值得难过的。

在处理孩子情感问题的时候，一定要站在孩子的角度，用孩子的视角去看待，用孩子的想法去思考，这样，妈妈才能更真切地体会到孩子的感受。所以当孩子闹情绪时，不要随便去下结论，尤其是不要对孩子说"这么点小事就值得闹情绪"这样的话，要顺着他的思路去想，从他的角度去思考他所遇到的问题，这样才能让孩子觉得妈妈是能理解他的。

建议三：问问孩子到底是怎么了

不管是高兴还是生气，不管是悲伤还是郁闷，孩子总是有理由的，所以若要真正认同孩子的情绪和感情，妈妈就要问问他到底怎么了，认真听听他说的理由，不管那件事多么小，妈妈都应该认真对待，至少也要和孩子用同样的认真态度去对待。

不过，有的时候孩子可能不愿意说，这时妈妈也要认同他的情绪和感情，可以告诉他，看到他那个样子妈妈也并不舒服。这样一来，孩子就能意识到，妈妈其实是关心他的，所以他可以放下心来，将自己的心事说给妈妈听。

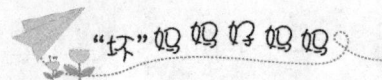

建议四：教孩子排解不良情绪与情感

当然，之所以要求妈妈要认同孩子的情绪与情感，并不只是让妈妈和孩子感同身受，重要的是需要妈妈帮着孩子排解掉不良情绪与情感。比如，妈妈可以给孩子说说自己遇到这样的事情时都是怎么处理的，让孩子知道这样的事情并不是不可扭转的；还可以告诉孩子他能做些什么来改变已成的事实，让他明白有些事只要自己肯去努力还是能变好的；或者也可以带着孩子先做做别的事情，帮他转移一下注意力，等他情绪平静之后再去和他好好谈一谈。总之，妈妈要用自己的能力帮助孩子去应对不良情绪与情感。

教子箴言

孩子的情绪与情感很丰富，但他的承受能力却并不那么强，为了帮孩子更好地调节情绪，妈妈就要认同他的情绪与情感，只有感同身受，才能帮他更好地处理情绪。而且，妈妈的感同身受也能让孩子变得更坚强，变得不再被情绪所困扰。

允许孩子自由地表达自己的想法

当孩子具备自己的思想之后，他就会想要在妈妈面前表达自己的想法，随着年龄的增长，他这种想要自我表达的想法会越来越强烈。这个时候，妈妈应该给孩子自由表达的权利，给他的思想一个表达的渠道，而不要强硬地堵住他的嘴。

家教现场

妈妈和爸爸商量给9岁的儿子买新书柜的事情,儿子在一旁听了好久,忽然说道:"妈妈,请您听我说。"

妈妈扭头看了儿子一眼问道:"说什么?"

"我觉得您和爸爸刚才决定的那个书柜样子不好。"儿子说道。

☆ 家有"坏"妈妈 ☆

妈妈一皱眉,说道:"你觉得?大人们说话你就别插嘴了,你那'觉得'都不对,听妈妈的准没错!"

儿子撅了撅嘴说:"明明是给我买书柜嘛,怎么能不听我的意见呢?"

妈妈眼一瞪说:"给你买书柜怎么了?没有妈妈你能自己买吗?行了,别在这捣乱了,一边玩去吧,妈妈和爸爸已经决定了,就买我们定好的。"

☆ 家有好妈妈 ☆

听了儿子的话,妈妈来了兴趣,笑着说:"哦?这我可要好好听听,说吧,你觉得哪里不好呢?"

儿子说:"颜色我不怎么喜欢,样子嘛……我觉得以后我的书会越来越多,也可能会越来越大,所以格子不能买太小、太窄的,最好下面能有个存放东西的柜子,这样还能多一些放东西的空间。"

"嗯!"妈妈听了之后点了点头,"你说的这些还真有道理,妈妈只考虑和你房间颜色搭配的问题了,没想到这些。这样吧,等买的时候我们一起去,然后再讨论,怎么样?"

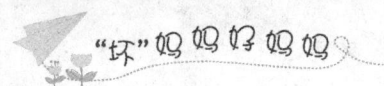

案例分析

"坏"妈妈太过于独断专行,认为小小年纪的儿子就不应该发表意见,她忽略了儿子的想法,自然也就不可能了解儿子的需求,也许她买回来的书柜就是儿子所不喜欢的。

好妈妈则给了儿子足够的时间去阐述自己的意见,并且完整地将儿子的意见都听完,最后还给了他可以一起参与讨论的机会。如此一来,相信买回来的书柜一定是儿子需要且喜欢的。

其实孩子都是有自己的想法的,看看好妈妈鼓励下的孩子,将自己的意见说得很清楚,头头是道,而且道理也让人很信服,这怎么能说孩子的话是儿戏呢?

很多妈妈总觉得孩子离自己很远,其实并不是孩子主动和妈妈疏远的,恰恰就是妈妈在某些时候的态度才将孩子从自己身边推离开。显然,是不是允许孩子自由表达自己的意见,也是妈妈能不能与孩子亲近的一个基本要素。

不过,还是有很多妈妈觉得孩子的意见很不靠谱,认为他什么也没见过,什么也没经历过,他说出来的意见能有多少"中用"的成分呢?其实,允许孩子自由表达自己的想法,并不是期待他能说出多么有用的意见来,而是在给他一个表达自我的机会,也是给妈妈一个了解孩子的机会。否则,总是妈妈替孩子决定各种事情,总是妈妈要求孩子听从,那么孩子都想了些什么呢?孩子到底愿不愿意接受妈妈的安排呢?他对妈妈提出来的要求有没有自己的想法呢?这些妈妈恐怕都不会了解。

所以,要靠近孩子其实也没那么难,只要妈妈有一个让步,给孩子足够的空间和时间把自己的想法都表达出来。当孩子"言论自由"时，妈妈会发现很多之前自己不知道的事情，同时也会更加了解孩子。

教育建议

建议一：在孩子想要表达的时候给他机会

遇到某些事情的时候，孩子也会想说几句，妈妈要注意到孩子想要表达时的一些"预兆"。比如，像前面那个孩子说的"我觉得×××不好"，那么他接下来就应该有为什么不好的一系列原因，这时妈妈就要顺势给他机会让他继续说下去；还比如，孩子一直在一旁叫着"妈妈，妈妈"，这时妈妈最好关注一下孩子，因为他可能就是想要引起妈妈的注意，然后再准备继续说下去；再有就是孩子总是在妈妈眼前转悠，或者总是想要插个嘴，这时最好也调整一下说话的内容，间断一下，给孩子一个插话的机会……

妈妈要注意到孩子的这些小表现，要意识到这是他想要表达自己的表现，可别觉得这是孩子在捣乱，他没有无理取闹，他的脑子里正酝酿着自己要说的内容，随时都准备好要表达出来呢。

建议二：不要随便打断或者反驳孩子的想法

孩子毕竟还是孩子，想法难免简单幼稚，难免会对问题考虑不全，更难免出错，可这些其实都算不了什么的，别因为孩子说得不好或者说错了就打断他，不再让他继续；更不要直接就开口反驳孩子的想法。

妈妈要做一个好的倾听者，对孩子也要有尊重之心，当孩子表达的时候，妈妈要认真听，最好蹲下身子，或者和孩子保持平起平坐，认真地看着孩子的眼睛，听他将自己的想法表达完整。

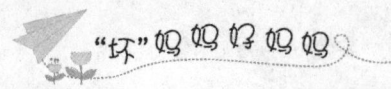

建议三：在家中创建可以自由表达的氛围

妈妈可以在家里创建一个可以自由表达的氛围，这样，孩子说话会更加大胆一些，表达也会更流畅一些。

比如，妈妈可以在家中固定全家的交流时间，选择每天吃完晚饭之后的半个小时或 15 分钟，然后全家针对某些话题畅所欲言，所有人都可以表达自己的意见，当然也包括孩子。而且，全家人都要尊重表达意见的成员，不管对方的意见多么幼稚，也要允许对方说完。并且每个人的表达时间应该是均等的，不要因为孩子小就让他少说，要让他能说多少说多少。

建议四：也要提防孩子的口无遮拦

虽然妈妈要允许孩子自由表达自己的想法，但是孩子对是非的分辨能力是有限的，所以，可能有时候他说出来的想法就会很偏激甚至是完全错误的。那么，当孩子第一次表达了错误的想法后，妈妈不要严厉地批评他，而是要告诉他为什么他的想法是不正确的，提醒他尽快改正这种错误，并在以后不再有类似的错误表达。

教子箴言

孩子的想法可能隐藏着许多闪光点，妈妈不能剥夺了这些闪光点发光的可能。更重要的是，孩子的想法代表了他的成长，妈妈只有允许孩子自由表达自己的看法、想法，才能看得到他的成长。所以，妈妈一定要给孩子足够的言论自由权，在孩子的表达能力得到锻炼的同时，妈妈也能更加了解孩子，从而给他最好的教育指导。

要懂得倾听孩子，才能走进他心里

做妈妈的都希望能走进孩子的心里，更彻底地了解他内心的各种想法，但是怎样才能走进去呢？其实有一个最简单的方法，那就是倾听孩子。当孩子表达的时候，不管他是感慨还是牢骚，不管他是高兴还是生气，妈妈的倾听都能让孩子感到妈妈与自己更贴心。

家教现场

"妈妈，我今天有点郁闷。"孩子一回家就这样对妈妈说道。

因为接孩子放学回家已经不早了，所以一进家妈妈就赶紧跑去厨房张罗起来。听见孩子说郁闷，妈妈随口问道："有什么烦心事吗？"

孩子说："我最好的朋友转学要走了，而且他们家也要搬走了，再也不回来了。"

☆ 家有"坏"妈妈 ☆

妈妈只是随口"嗯"着，手底下却忙碌不已，而且还时不时地让孩子帮她拿东西。孩子才说了没两句，她竟然问道："哎，你写作业了吗？没写作业赶紧去写啊！好孩子回家都先完成作业，你还在这儿站着干什么？妈妈不用你帮忙，快去好好学习，吃饭了叫你。"

孩子张了张嘴，发现妈妈完全没在听他说，他看了妈妈一眼，转身就离开了，同时在心里说道："以后什么都不跟妈妈说了，她

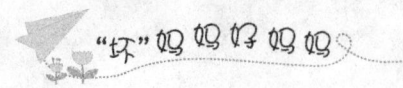

根本都不听。"

☆ **家有好妈妈** ☆

妈妈放下了手里正在洗的菜，同情地说道："是吗？那真遗憾啊！"说着她抬头看了看钟表，继续说道："这样吧，离爸爸回家还有一段时间，我们一会儿再做饭，来，跟妈妈说说你是怎么想的吧！"

孩子像找到了倾诉的闸门，他一边说一边哭，说自己因为总是想着朋友离开的事情，都没心思学习了。妈妈一直认真听着，时不时地还问几句，最后妈妈抱了抱孩子，安慰他说："你还可以写信打电话，和朋友一直保持联系，以后没准儿哪天你们就能又碰见了。"

说出了内心憋着的事情又得到了安慰，孩子感觉好受了许多。

案例分析

"坏"妈妈将孩子的倾诉当成了很随便的声音，完全没有听进去，她不断地插话，还打断了孩子，根本没有顾及孩子的感受。正是因为妈妈的不会倾听，才导致孩子做出再也不和妈妈说事的残忍决定。

好妈妈则给了孩子开口的权利，并且认真听，给予了孩子足够的心理安慰，并且还帮着孩子想办法，为他彻底解开了心结，孩子就不会觉得内心有那么大的压力，相信他以后的学习应该也就不会受到心情的影响了。

孩子会有各种各样的心事，尤其是当遇到一些他自己想不通、解决不了的事情时，他此时也需要有人能听听他的烦恼，如果能帮他解决那些问题他就会感到更安心。

而孩子身边最好的倾听者就是妈妈,因为妈妈与孩子朝夕相处,应该是最能发现孩子内心波动的人。不过,很多妈妈却并不愿意倾听,她们更倾向于自我判断,即便是允许孩子表达,她们可能也会断章取义,或者只听了第一句就彻底不再让孩子说了。而还有的妈妈就像前面的"坏"妈妈那样,虽然允许孩子开口说,但却听得不认真,依然我行我素地做着自己的事情,孩子说了什么她也毫不在意。妈妈这样的态度势必会伤到孩子的心,最终还可能会将孩子从自己身边越推越远。

所以,妈妈若想要走进孩子的内心,想要真正做到与孩子心贴心,就一定要学会倾听。好好地听孩子讲讲他的想法、他的感受、他的心情,并且给他足够的支持与帮助,这才能成为孩子喜欢的贴心妈妈。

教育建议

建议一:给孩子一个完整的叙述时间

倾听的一个基本要素,就是要让孩子把该说的话说完。所以,妈妈应当给孩子一个较为完整的叙述时间,让他有足够的时间理顺自己的思路,并将自己想要说的话都说出来。

在这个过程中,不要随便插话打断,不要总是加入自己的看法,更不要突然站起来去做别的事情。一旦孩子开始叙述了,妈妈就要做一个合格的听众。

当然,不是说妈妈全程都一言不发,可以有一些恰当的反馈,比如,在孩子说话过程中,加入"嗯""是吗""我理解""是这样的"之类的应答语,这会让孩子感觉到妈妈的确是在很认真地听他说

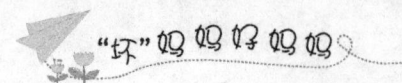

话，而且可以理解他的感受，他也会更乐意继续说下去。

建议二：不要自以为是地判断孩子的表达

很多妈妈会因为自己是成年人，比孩子见识得多，比他懂得多而很轻易地就对孩子说的各种事情下结论。比如，一看到孩子难过，就会说"这没什么，难过一会儿就过去了"，可是孩子内心的纠结如果解不开，那么他的难过就绝对不会那么轻易地过去。

所以，妈妈一定不能太过于自以为是，要将自己放在孩子的位置去思考，要用孩子的感受去感受。不要只听内容，也要体会孩子所表达的情感，要以孩子所说的为主，不要想得太多，尤其是不要忽然听见什么让自己在意的事情，而将话题引得偏离了孩子原本的意图。

建议三：停下手里的各种事情

一心不可二用，这是做事的一个最基本的原则，倾听也是一样。当孩子表达的时候，妈妈最好停下手里的事情，认真去听。当然，孩子开口时妈妈可能正在做事，要么让孩子暂时先不要说，等忙完了再说；要么就先暂停一下手头的事情，等孩子说完之后再继续。

妈妈应该这样想，孩子的事情才是值得重视起来的事情，帮孩子解开心里的疙瘩，他才会拥有健康的心理。

建议四：用肢体语言让孩子感受到妈妈的关切

有时候，倾听也不一定只是在那里一动不动地听，一些简单的肢体语言也能让孩子感受到妈妈是在听着他说话的。

比如，把自己的身体向前倾，给孩子一种妈妈对他的表达很认真的感觉；眼睛直视孩子的眼睛，这也是认真听的表现；如果坐在一起可以一手搂着孩子的肩膀，或者拉着孩子的手，这也是一种关心的表现；随着孩子说的内容，及时变换表情，皱眉、点头、惊讶，这些表情动作都代表妈妈对孩子情感的理解，等等。

教子箴言

倾听是让妈妈最快了解孩子内心的一种方法，妈妈需要掌握更多倾听的技巧，以更贴心的倾听方式去理解孩子的情感，并感受他的内心成长。虽然很有可能听到自己并不愿意听到的内容，但是妈妈也要意识到这是孩子成长的标志，所以，妈妈要带着一种平和的心态去倾听孩子。只有理解才能接纳，才会让孩子更愿意对妈妈倾诉。

要向孩子敞开自己的心扉

如果说倾听孩子是妈妈了解孩子的一个基本方式，那么如果能让孩子也同样倾听妈妈，孩子也能成为妈妈的贴心人。更重要的是，当妈妈能对孩子敞开自己的心扉时，也会让孩子感受到妈妈的真诚，他可能会更愿意与妈妈讲贴心体己话。

家教现场

妈妈最近有些不开心，每天回家总是唉声叹气。孩子在一旁观察了几天，终于在某一天决定要好好关心一下妈妈。孩子先是倒了一杯水，端着水杯走到坐在沙发上叹气的妈妈面前，将水杯递了过去，说道："妈妈，喝口水。有什么事吗？跟我说说，发泄一下吧！"

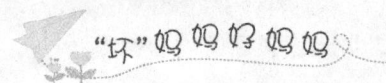

☆ 家有"坏"妈妈 ☆

妈妈抬头看了一眼孩子，不耐烦地摆了摆手说："有你什么事啊？我用你给我倒水？这要是摔了杯子回头还得我自己收拾，我真是在哪里都不省心，哪儿都烦死了！你也是不省心的主儿！这会儿怎么不学习呢？有工夫关心别人先关心自己的学习怎么样？你好好学习，有个好成绩我就都高兴了！一边儿待着去，要不看看书，做做题，别给我这儿添乱！"

☆ 家有好妈妈 ☆

妈妈抬起头，接过孩子递过来的水杯，说了声"谢谢"，然后拍了拍身边的沙发，孩子顺势坐了下来。

妈妈这才把自己遇到的一些烦心事简单地给孩子描述了一遍，孩子认真地听着，最后才说："妈妈没事的，妈妈一直工作得很棒，这次也应该没问题，我相信妈妈！而且您刚才也说了，能做的都做了，您总鼓励我只要尽力了就问心无愧，所以您也没什么好担心的了。"

听了孩子的话，妈妈被逗笑了，烦躁的心情舒缓了许多。

案例分析

"坏"妈妈拒绝了孩子的好意，并认为孩子是无理取闹。她不愿意把自己的心事讲给孩子听，更拒绝了孩子的关心，被她这么一说，孩子以后可能就会变得冷漠起来。就算妈妈到时候想要再和孩子敞开心扉，孩子可能也不会愿意听了。

好妈妈的做法则与"坏"妈妈完全相反，她将孩子看成了自己的密友，不仅告诉了他自己最近烦躁的原因，还接纳了孩子对她的劝导。这样的妈妈会让孩子感觉不再那么高高在上，而是颇具有人情味，孩子也会和她更加贴心。

说起对孩子敞开心扉，很多妈妈觉得这是很不可能的事情。因为孩子年龄尚小，妈妈遇到的烦恼大多都是成年人的烦恼，怎么可能对诸事不懂的孩子去讲呢？就算讲了，孩子能帮着劝解吗？就算能劝解一点，可凭他的能力，能帮着想解决的办法吗？正是因为这些想法，使得很多妈妈觉得对孩子敞开心扉是不可能的。

事实当然不是这样的，妈妈是孩子最亲近的人，反过来看的话，其实孩子也是妈妈最亲近的人。孩子对妈妈的爱也是自然而真切的，他也更愿意帮助妈妈排解内心的烦躁。而且，如果妈妈愿意对孩子敞开心扉，讲出自己内心的故事时，孩子会感受到妈妈对自己的依赖与信任，他会觉得自己也受到了尊重。而因为妈妈的坦诚，那么作为交换，孩子可能也会更愿意对妈妈敞开心扉。

所以，妈妈也该放下自己所谓的成年人的架子了，有些事跟孩子说一说既能让自己内心的郁闷得到缓解，又能拉近自己与孩子之间的距离，何乐而不为？

教育建议

建议一：尽可能告诉孩子真实的内心

有的妈妈可能做到对孩子敞开心扉，将自己真实的纠结之事讲出来，但有的妈妈却依然不愿意跟孩子讲真话，所谓的敞开心扉，变成了妈妈编故事，而很多时候，妈妈编出来的故事无非都是妈妈对孩子的担心，然后借机去激励孩子上进。

孩子也是有思想的，一次两次可以糊弄过去，但次数多了他也会发现妈妈并没有真的对自己敞开心扉，只是为了引导他好好学习

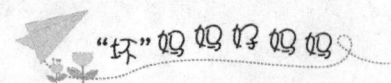

在编故事。到那时孩子可能就会觉得妈妈依然是不信任自己的,是没有诚意的,他也许再也不愿意相信妈妈,从此以后,他就会离妈妈越来越远。

这就是得不偿失了,既然是敞开心扉,就要真的将自己的心里所想告诉孩子,真心相对才会换来孩子的真心。

建议二:选择合适的事情对孩子敞开心扉

虽然要向孩子敞开心扉,但这也并不意味着妈妈什么事都能跟孩子说,也要有选择地去和孩子聊。比如,遇到困难后的烦躁、受到错误对待的委屈、被人误解的无奈等,这些倒是可以跟孩子念叨念叨,因为这些事孩子可能也会遇到,他也许会感同身受,这样母子两人也能聊得起来。

但是,诸如个人情感问题,或者工作上更深层次的矛盾或困难,尤其是孩子根本搞不懂的问题,妈妈就不要全都倒给孩子听了,即便说了他也听不懂,结果无非是妈妈对着孩子发了一通牢骚而已,什么结果和意义都没有。

建议三:不要将孩子当成"垃圾投放站"

对孩子敞开心扉,是要让孩子感受到妈妈的平易近人,是要让孩子与妈妈更加贴心,但妈妈可不要借此就找到了一个发泄的出口,千万不要一遇到不高兴的事情就去找孩子倾诉,也不要一感觉不痛快了就去跟孩子没完没了地唠叨。因为,孩子不是妈妈的垃圾桶,妈妈不能总是把自己的情绪垃圾丢给孩子,否则孩子可能也会受到坏情绪的感染而变得不快乐。

所以,妈妈一定要慎重选择对孩子讲述的事情,不要总是对孩子叙述自己多么不容易,把自己受的苦都一条一条地摆出来,其结果可能就会让孩子背上沉重的心理负担,他会觉得是自己造成了这

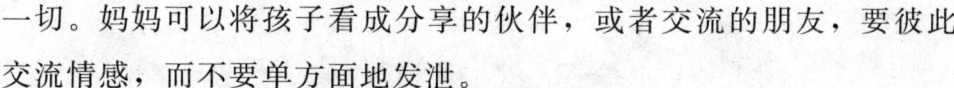

一切。妈妈可以将孩子看成分享的伙伴，或者交流的朋友，要彼此交流情感，而不要单方面地发泄。

建议四：认真听听孩子开导的话

孩子不是冷血动物，他有丰富的情感，尤其是听到和自己遭遇类似的事情时，他也会说出一些开导的话来。妈妈应当为此感到欣慰，毕竟孩子是为了妈妈着想才来开导的，所以不要觉得孩子说的安慰话语太幼稚，尤其是有些孩子可能还会从书上"摘抄"一段来安慰妈妈。这都不要紧，妈妈只要好好听着就是了，并且要将孩子说的正确的话听进去，帮自己尽快恢复好心情。

教子箴言

对孩子敞开心扉其实对妈妈也是一种考验，妈妈要说真心话，要能对孩子表露真情实感，要能和孩子好好聊天，还要能接受孩子对妈妈的关怀。妈妈要放下架子，放下心防，全身心地信任孩子，才能真正做到敞开心扉。

孩子需要妈妈的信任和理解

在妈妈身上，孩子都会在意什么呢？是好吃好喝好招待吗？这个虽然也在意，但却并不那么重要。其实，孩子更为需要的，是妈妈的信任与理解。只有感觉到了妈妈的信任与理解，孩子才愿意对妈妈敞开心扉。

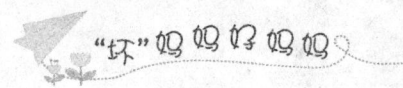

家教现场

儿子放学回家后一直闷闷不乐，犹豫了好久他才来到妈妈面前说："妈妈，我想跟您说个事。"

妈妈正忙着做饭，便问道："什么事？"

儿子吞吞吐吐地说："老师说，明天、明天让您去学校一趟。"

☆ 家有"坏"妈妈 ☆

妈妈立刻着急了："什么？你又闯祸了吧！"

儿子连忙说："没有！我真没有，我……"

"得了得了！"妈妈打断了儿子的话，"老师一说让妈妈去学校，你就肯定闯祸了，就别狡辩了，妈妈多了解你啊！错了就错了，还撒谎？"

儿子委屈极了，可妈妈却无论如何也不听他的解释了，只是一个劲儿地叹气，连饭都不想做了。

☆ 家有好妈妈 ☆

妈妈疑惑地问："是吗？发生了什么事？"

儿子说："今天……我和同学吵架了，但那是因为他骂人，我不让他骂，他就骂我，我一个没忍住，就……妈妈，您相信我吗？我真的不是故意和同学吵架的。"

妈妈认真看着儿子，然后才说："我相信。妈妈也一直都教你要做一个有德行的人，你制止同学的行为没有错。不过……可能是你处理的方式不大正确吧，明天我和老师好好聊聊。"

"谢谢妈妈！"儿子松了一口气。

第二章 要走进孩子的内心世界

案例分析

一提到老师要"见家长","坏"妈妈的第一反应就是孩子出了问题,而且她笃定是孩子想要逃避责任而撒谎,还根本不给他辩解的机会,这就是不信任的表现。孩子其实还是想将事情说清楚的,但妈妈却不理解他想要澄清自己的心,反倒一直叹气急躁,这可能会让孩子对妈妈心生抱怨,以后他可能也会不再信任妈妈了。

而好妈妈的反应则刚好相反,她给了孩子解释的机会,并且相信孩子的所作所为,理解了他的真正意图。妈妈这样的表现,给了孩子勇气,而妈妈的信任与理解,才是让孩子彻底放松下来的重要原因。

说到信任和理解,很多妈妈可能都做不到,因为所有的妈妈都觉得自己是最了解孩子的,认为他一定会犯错,一定会出问题。尤其是当老师反映了什么情况的时候,妈妈更是笃定孩子是有错的。可实际上,妈妈却并不都是那么了解孩子的。有时候一个错误的判断,可能就会破坏孩子对妈妈的信任。也就是说,当妈妈不信任孩子时,孩子也会逐渐放弃对妈妈的信任;当妈妈不理解孩子时,孩子也就不再费力让妈妈明白了,他可能就会破罐破摔,甚至觉得妈妈的理解不重要,他就会变得我行我素。

显然,不信任、不理解孩子的妈妈势必得不到孩子的喜欢,这也就无形中是在将孩子从妈妈身边推离开。所有妈妈当然还是希望自己能成为孩子的贴心人,所以还是给予孩子最起码的信任与理解吧。

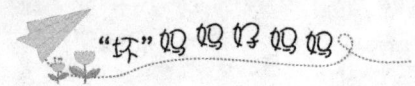

教育建议

建议一：通过观察和了解来真正认识孩子

就如前面所提到的，绝大多数的妈妈都觉得自己是非常了解孩子的。毕竟，孩子和自己朝夕相处，而且自己是看着孩子从小长到大的，他的一言一行、一举一动自己怎么可能不了解呢？但事实却是，妈妈看到的很有可能只是孩子的某一方面或者某些方面，孩子在外人面前可能又是另外一个样子。这也就意味着，当妈妈不完全了解孩子时，对孩子的判断就会有误，而这种误会就是妈妈不信任不理解孩子的源头。

所以，妈妈要多观察孩子的言行举动，同时也要多和孩子周围的人了解一下孩子的情况，比如可以问问老师，也可以问问孩子的同学。只有多方面了解，才能真正认识孩子到底是个怎样的人。

建议二：相信孩子的言语和行为

当妈妈能较为全面地了解孩子之后，就要在自己的内心给孩子一个准确的定位，比如，孩子是善良的，是有孝心的，是理智的，是勤快的，是比较老实的，是反应没那么快的，等等。有了这样的定位之后，当再听到发生在孩子身上的某些事时，妈妈就可以根据定位去判断孩子是不是真的如此。

举个例子，妈妈知道孩子是个善良且理智的人，所以当听到有人说孩子打架了的时候，妈妈至少应该相信孩子的本质，如果他说"我没打架"，那么妈妈至少在心底要相信孩子不会做这样的事情，这就是信任。

建议三：理解孩子做某些事的原因和心理

其实很多事情都是有原因的，不是平白无故就发生的。所以，如果妈妈信任的孩子做出了一些不寻常的事情时，妈妈应该好好了解一下，及时发现孩子做某些事的具体原因，并且要理解他这样做的心理，给他一定的支持与安慰。这种理解是建立在信任之上的，这会让孩子也逐渐安下心来，使他不会因为一些不寻常的事情而变得很紧张。

建议四：也要在事实的基础上去信任和理解

当然，虽然妈妈要信任和理解孩子，可也不能盲目信任和理解。比如，本来事实已经摆在那里了，孩子就是撒谎了，可妈妈如果还是一味地说"我的孩子从来不撒谎"，这就有些盲目了。

只要是有了既定的事实，那么妈妈就要依据事实去信任和理解孩子，绝对不要盲目地相信。而且，如果事实和妈妈所认知的事实不相符，妈妈也要以现有的事实为基准，可以跟孩子了解一下具体情况，然后再做定夺。

教子箴言

教育需要信任，因为信任之下妈妈的教育才是正确的，才能更容易为孩子所接受。教育同样也需要理解，只有理解了孩子的所作所为，妈妈的教育才不会显得强硬，才能让孩子感受到贴心的教育。所以，妈妈不要总拿着所谓的"家长的权威"去肯定判断孩子的任何表现，一定要在事实的基础上给予孩子最起码的信任和理解，让孩子感觉自己受到了妈妈的尊重，这样他才不会因为不信任和不理解而疏远妈妈。

第三章

用真心去陪伴孩子
——最好的教育是陪伴

说起教育,很多妈妈都觉得从表面上来看,教育应该是一件非常严肃的事情,妈妈的严厉才能给孩子更好的约束。但实际上,最好的教育似乎并不用那么严肃,更温柔地陪伴,反倒能让孩子在潜移默化中感受到教育。作为孩子身边最亲近的人,妈妈应该无愧于"最亲近"这个形容,只有付出真心的、温柔的陪伴,孩子才会感受到妈妈的爱,而教育便能在爱的支持下顺利进行了。

与孩子多分享一些时间,而不是物质

给孩子创造最好的生活,很多妈妈都认为这是自己最应该做的事情,于是妈妈会尽己所能地多赚些钱,为孩子提供足够多的物质条件,以丰富他的生活。然而,孩子对这些物质就一定喜欢吗?事实上,孩子宁愿妈妈多陪自己一会儿,也并不愿意总跟冰冷的物质待在一起。

家教现场

又到周末了,9岁的孩子再一次兴奋地问妈妈:"您一直都说很忙没时间,这个星期能去游乐园了吗?"

妈妈有些为难,因为公司里还有一些事情需要处理,看着孩子渴望的眼光,妈妈沉默了。

☆ 家有"坏"妈妈 ☆

接着妈妈说:"乖!我们下星期再去吧,下星期妈妈一定有时间。这星期……"

"妈妈是个'坏'妈妈!"孩子忍不住嚷了起来,接着就生气地跑回了自己的房间。

妈妈皱着眉对孩子的爸爸说:"我给他买玩具、买好吃的,他还说我是'坏'妈妈?"

爸爸劝道:"孩子是希望你能陪陪他,我看你还是先别去工

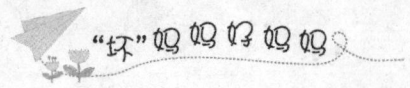

作了。"

妈妈穿好了衣服和鞋子，拿起包叹了口气说："虽然不急，但是越早做完越好，早做完就能早拿到报酬。反正就是出去玩，什么时候都可以，你劝劝他，告诉他我回来给他买好吃的，走了。"

☆ 家有好妈妈 ☆

妈妈蹲下身子看着孩子，问道："妈妈真的一直都这样说的吗？"

孩子点了点头："是的，已经往后错了两次时间了，这个星期我真的很想去，就算您不再给我买玩具也可以。"

爸爸在一旁也说道："把你的时间留一点给孩子吧！"

妈妈这才说："好吧，我会给公司打电话。这个星期，我的时间是属于你和孩子的。"

孩子开心地跑进房间换衣服去了，爸爸则拥抱了妈妈说："真好！你给了我期待的回答，可不能让孩子等得太久啊！多陪陪我们可比你的工作要重要得多。"

妈妈点了点头："嗯，我也发现了！孩子听见我可以带他去游乐场时的笑容远比他收到玩具礼物时的笑容要灿烂得多。"

案例分析

"坏"妈妈其实也是一个好妈妈，她也是在辛勤地赚钱养家。但是，她却忽略了孩子的成长是需要温暖陪伴这件事。她一次次地推迟甚至可能是在无限拖延带孩子去游乐场的时间，虽然她不能去的理由很正当，但孩子却不断地在失望。而这种失望是多少物质都弥补不来的，其实孩子更需要的是能说会笑的妈妈和他一起玩耍，他并不想让一堆冰冷的玩具围绕身边。妈妈如此的行为，会慢慢地将孩子的热情消磨光，孩子也会越来越不信任妈妈，直到最终，妈妈的教育可能对孩子都已经不起作用了。

好妈妈可以勇敢地放弃其他的事情，只为将自己的时间留给孩子，她的这个决定让她发现了孩子所真正需要的东西，那就是妈妈的陪伴。这种陪伴，是无论买多少礼物都比不上的，难怪孩子会那么开心，而妈妈也获得了爸爸的支持。

虽然这个对比能一清二楚地反映出哪一种做法才是正确的，可现实生活中，更多的妈妈却都表现得并不那么令人满意，她们往往都和"坏"妈妈一样，当其他事情和陪伴孩子这件事相冲突时，更多地会选择去做其他的事情，而把陪伴孩子的时间向后推。

有的妈妈是这样解释的："我不仅仅是一位妈妈，也是一个工作者，只有我做好了工作，才能挣到更多的钱去为孩子创造更好的生活。陪孩子无非就是陪着他玩，什么时候玩都可以，可是我的工作一旦错过了就再也弥补不了了。再说，孩子还有很多玩具陪着，他其实一点儿都不孤单。"

乍听来，这样的解释很无奈，但其实反映出妈妈内心对自己"妈妈"这个身份的不认同。既然已经身为妈妈，那么教育孩子才是最主要的事情，其他的事情都是这个事情的辅助。有时间的话就要多陪陪孩子，不要把本来属于孩子的时间也全都交给了工作。

而那些玩具，那些物质，如前所说，都是冰冷的，没有感情的，既温暖不了孩子，也娱乐不了孩子，他并不需要这些物质，他只想要一个能说会笑能让他感到温暖的妈妈。

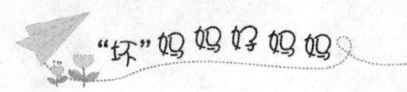

教育建议

建议一：合理安排工作时间

绝大多数的工作都不会一点的休息时间都不给。但是为什么那么多妈妈却总是觉得自己非常忙，忙得都没时间陪伴孩子呢？不排除有的妈妈真的很忙，时间安排真的很紧，但还是有的妈妈工作时间安排得很松散，结果导致要做的事情拖拖拉拉总也做不完，浪费了很多时间。

所以，妈妈可以根据自己的工作性质，将工作分成几部分或者采取更合理的工作方式，然后就能腾出时间来陪伴孩子。当然，那些真的很忙的妈妈也并不是一天24小时都在工作，总有吃饭、稍微休息的时间，哪怕是只有10分钟能陪伴孩子，也要留出这个时间。

建议二：最好安排足够的时间

陪伴是一个过程，尽管时间不必要特别长，但是妈妈最好还是安排足够的陪伴时间，这样才能更有成效。否则孩子还没进入状态或者说还没开始干什么，陪伴就已经结束了，这会让孩子感到很失望。

一般来说，每天可以拿出一到两个小时来和孩子专心致志地玩一会儿，当然也可以安排那种一整天的时间去和孩子出门旅游或游玩。

建议三：别用"给你买×××"来"弥补"孩子

一旦无法陪伴孩子了，不能满足和孩子一起玩的要求时，很多妈妈最常说的一句话就是"给你买×××"，以此来作为"弥补"或交换。

一开始孩子可能会接受这样的"弥补",认为虽然不能玩但有补偿还是可以的。可随着时间的推移,孩子就会慢慢形成习惯,假如妈妈不给买什么了,他反而还会哭闹一番。

正确的做法应该是,如果当时不能陪伴,妈妈可以和孩子安排另一个时间进行弥补,也就是说,陪伴是不能少的,什么都不能替代,这时候不行,那就换个时候,总之,一定要给孩子陪伴的时间,不要让孩子的希望落空。

教子箴言

教育也需要妈妈的温柔对待,最简单、最直接也最让孩子感到舒服的教育就是妈妈的陪伴。孩子需要的是妈妈的时间,而不是妈妈拿来代替自己的陪伴的各种物品。所以,不要将太多的心思花在买什么来补偿孩子上,而是要想办法拿出时间来,让孩子尽情享受妈妈的陪伴,有了陪伴的孩子,其内心才是温暖的,才会更乐于接受妈妈的教育。

陪伴要用心,跟孩子打成一片

陪伴是一个过程,也是一个动作,但更重要的,它是一种态度。妈妈陪伴孩子的时候,一定要用心,不能只是简单地坐在一旁,也别各干各的互不理会,妈妈要和孩子打成一片,要让孩子感受到妈妈的爱,这样的陪伴才是有效的。

"坏"妈妈好妈妈

家教现场

妈妈陪着5岁的女儿在家里玩,一开始女儿自己在搭积木,妈妈在一旁看了一会儿,接着就拿起了手机玩起了游戏。不久,女儿让妈妈看自己的杰作,妈妈的游戏玩得正热闹,便连眼皮都没抬,只是随口说了一句"很好"。

女儿却不高兴了,她提高了声音说:"妈妈跟我玩积木。"

妈妈眼睛依旧没离开手机,说道:"你自己玩,妈妈在一旁看着呢,乖啊!"

女儿这回彻底生气了,把积木撒了一地。妈妈关上了手机,皱着眉看着女儿:"你干什么呢?怎么把积木都扔地上了?"

女儿撅着嘴说:"妈妈不陪我玩!"

☆ 家有"坏"妈妈 ☆

"啊?"妈妈提高了声音,"我什么都不做地陪着你坐在这儿,你还说我不陪你玩?还怎么玩?积木是小孩子玩的,妈妈是成年人,怎么能玩那个呢?自己乖乖玩一会儿不就得了?要不你就去找邻居姐姐玩吧!"

听了妈妈的话女儿更加生气了,撅起了嘴……

☆ 家有好妈妈 ☆

妈妈一愣,连忙把手机放得远了一些,然后才带着歉意地说道:"对不起啊,妈妈刚才的表现不太好。诚心跟你道歉,来,妈妈这回和你一起搭积木,你不是想要搭城堡吗?妈妈帮你搭个漂亮的城堡。"

女儿这才缓和了脸色,指着远处的手机说:"不玩那个了吗?妈妈要保证!"

妈妈连忙说:"当然!妈妈保证,来吧,我们一起玩。"

案例分析

"坏"妈妈自己做不到专心陪伴,被孩子抱怨了之后,反倒让孩子去找别的孩子玩。她没有注意到自己的错误,而且还强词夺理,难怪孩子会更加生气。而好妈妈的表现是值得借鉴的,她敢于承认错误,并且尽快做了改正,将自己的心思重新拉回到陪伴孩子上来,相信孩子也会更加喜欢她的陪伴。

总有妈妈将"陪伴"简单地理解为"在一旁看着",或者是"就在一旁陪着",这样的陪伴只是陪伴的表面意思,孩子需要的是妈妈更为用心的陪伴,他更希望妈妈能和自己做一样的事情,或者和自己合作做一件事情,这样他才会感受得到妈妈的陪伴。否则,如果妈妈只是人在这里,而心不在这里,孩子也同样感受不到陪伴的温暖。

有的妈妈可能会说:"我也有事要做啊,再说,他有时候做的事情是需要他自己完成的,我只能看着啊!"

妈妈有事要做,但却不要在陪伴孩子的时候去做,就算是利用休息时间陪伴孩子,也不要用自己的小游戏来打发这段陪伴时间。至于说需要孩子自己完成的事情,妈妈就更要专心陪伴了,哪怕是在一旁认真地看着,或者给一两句夸赞,也能让孩子感到安心。

总之,妈妈的陪伴可不能只是做出来一个陪伴的样子,孩子需要的是妈妈的专心,需要的是能和妈妈一起做些什么的感觉,只有

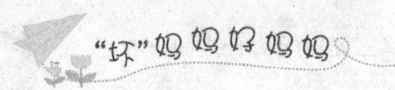

能和孩子打成一片的妈妈,孩子才会更加喜欢。

教育建议

建议一:处理好自己手里的事情

现实生活中会有这样一种情况,妈妈在忙碌,可是却在还没忙完的时候,就到了陪伴孩子的时间。于是,妈妈可能就会一边陪伴着孩子,一边继续忙着自己的事情。还有一种情况是,妈妈陪着孩子的同时,手里就会多一些事情,如择菜、洗衣服等。

这些表现都是不妥的,妈妈应该在陪伴孩子之前就处理好自己手里的各种事情,把该做的事情做完,把还没做的事情往后错。陪伴孩子就是需要妈妈手里没有其他事情的时候去陪伴的,可不要带着那么多事和孩子在一起,否则孩子会觉得妈妈不重视他。

建议二:和孩子一起决定要怎么度过陪伴的时间

妈妈可以和孩子一起商量,彼此提出自己的意见,然后根据时间来决定到底要做什么。因为是陪伴孩子的时间,所以妈妈不要刻意为孩子安排什么,但是也不要什么意见都不提地任凭孩子想做什么就做什么。孩子其实也需要和妈妈一起作决定,这会让他感觉到妈妈的参与感,他也会更加期待接卜来的时间,妈妈千万不要让孩子失望。

建议三:专心致志地与孩子在一起

安排好要做的事情之后,就是要专心致志地度过这一段时间了。妈妈最好也将自己当成一个大孩子,和孩子一起玩耍,很轻松地度过这一段时间,所以妈妈最好要进入自己的游戏角色,不管是玩玩具还是做游戏，妈妈都要认真一些，尤其是不要敷衍。

有的妈妈会和"坏"妈妈一样，认为那是小孩子玩的游戏，成年人对此不屑一顾，这时妈妈可要丢掉这样的想法。孩子更喜欢妈妈和自己一样喜欢某个游戏，这样孩子也会更为投入，而妈妈也只有投入进去才能发现孩子的快乐，也才能体会到孩子的快乐。

建议四：远离各种便携式的电子产品

在现代社会有一种很普遍的现象，那就是不管什么时候，人们手中总会拿着诸如手机、笔记本电脑、ipad 等电子产品，玩游戏、购物、聊天。

当然很多妈妈也不例外，在陪伴孩子的时候，任凭孩子在一旁玩，妈妈自己的眼睛则紧紧盯着电子屏幕，要么聊天，要么玩游戏。结果，好好的陪伴时间，变成了母子二人互不干涉，这也绝对不是正确的陪伴。

所以，如果是陪伴孩子，妈妈还是把这些电子产品都关机了吧，眼前的孩子才是妈妈最应该注意的人，他的一举一动，他的情绪感受，要比那些电子产品重要得多。

教子箴言

陪伴消耗的其实不仅仅是时间，还应该有妈妈的精力。但是，这种精力的消耗却应该是幸福的，因为妈妈全身心地投入对孩子的陪伴之中，孩子会感到开心，妈妈也能体会到快乐。所以，妈妈应该用心陪伴孩子，将自己当成孩子最好的游戏伙伴，这样的陪伴才是最有分量的！

跟孩子玩各种好玩的创意游戏

妈妈能陪着孩子一起玩,是孩子感到最开心的事情。不过,玩什么、怎么玩,却是妈妈需要好好考虑的事情。显然只是简单地陪着孩子玩是不够的,妈妈最好能跟孩子玩一些好玩的创意游戏,让孩子的手脑都能得到锻炼,同时也让这份陪伴变得与众不同。

家教现场

每天吃完晚饭后,妈妈都会陪着 6 岁的儿子玩一会儿。有时候是和他玩玩具,有时候则是给他讲故事,不过大多时候都是儿子决定要玩什么,妈妈在一旁简单地附和与陪伴着。

忽然有一天,儿子对妈妈说:"妈妈,我觉得没意思了。"

"嗯?"妈妈奇怪地问,"怎么了?"

儿子说:"我想玩新游戏。"

☆ 家有"坏"妈妈 ☆

妈妈皱着眉说:"新游戏?这么多游戏还不够玩的吗?"

儿子撅着嘴说:"玩了好几遍了,都没意思了,妈妈有新游戏可玩吗?"

妈妈摇摇头:"我?我哪有新游戏啊?每天上班都累死了,我可想不来什么新游戏,你自己想吧,你说玩什么妈妈就陪你玩。"

儿子依旧撅着嘴,想了一会儿也没发现有什么可玩的,只得继续无聊地捣鼓玩具，最终他干脆什么都不想玩了。

☆ **家有好妈妈** ☆

妈妈一愣，笑着问："新游戏？嗯……想想也是，这些玩具你都玩了好久了。"

"对呀对呀！"儿子点头说，"好想玩新游戏。"

妈妈想了想才说："这样吧，妈妈想想看，最近妈妈看了本介绍游戏的书，上面还真有很多新游戏哦！等我想想我们玩什么，要玩个有创意的，你一定喜欢！"

儿子兴奋了起来："真的？那妈妈快想，我要玩有创意的新游戏！"

案例分析

"坏"妈妈用一句"累死了"就拒绝了孩子想要玩新游戏的要求，至于说创意，她更是完全没有，反而只是让孩子自己去想。也难怪孩子会越玩越没劲。

好妈妈显然能更体谅孩子一些，她接受了孩子的建议，并且积极地去想，希望自己能为孩子想到更有创意的新游戏。先不说最终妈妈想出来的游戏是怎样的，单就她这种积极的态度，也会让孩子感到开心。

游戏是孩子生命中必不可少的一部分，每个孩子也都渴望玩好玩的游戏。当然，这种"好玩"应该是有意义的玩。如果妈妈能够和孩子一起玩各种有创意的游戏，相信孩子也会在游戏中获得巨大的收获。

这是因为，创意游戏需要孩子多动脑筋，他接触到的是与之前

玩的简单的游戏不同的新游戏,他的思维能力会在游戏中得到锻炼,因此这也会吸引他更加专注于游戏。而对于妈妈来说,当妈妈也能和孩子一样投入游戏时,妈妈不仅体会到孩子的快乐,也和孩子之间建立起更加紧密的亲子关系。

教育建议

建议一:寻找适合孩子的有创意的游戏

有创意的游戏往往都需要孩子动脑筋,但是,同年龄段的孩子对游戏意图的理解以及大脑思考的能力是不同的,所以妈妈就不能让还在上幼儿园的孩子去玩初中生才能玩的创意游戏,否则孩子搞不明白游戏的意思,更不会玩,这个游戏也就相当于白费。

也就是说,妈妈要寻找适合孩子现阶段玩的有创意的游戏,要根据其年龄、所掌握的知识、性格、喜好等各方面因素来选择孩子可以玩的游戏。另外,妈妈应该也对这个游戏有一定的兴趣,这样在和孩子一起玩的时候,才能越玩越尽兴。

建议二:要确定所玩的是真正有创意的游戏

所谓创意,就是创造意识或者创新意识。在游戏方面来说,要么就是一些全新的,孩子从来没有玩过的游戏,要么就是跳出那些老旧游戏的固有模式,在原有基础上有所发展的新游戏。

有的妈妈认为创意游戏就是与之前玩的不一样的游戏,虽然这样说不能算错,但妈妈在找游戏的时候却不能就依靠这简单的一项标准。

其实这种创意游戏需要妈妈好好动一番脑筋才行,妈妈可以看看与创意有关的书,结合孩子的特点来发掘更有意思的游戏。当然，也可以和孩子一起动手开发新游戏，这样的一种合作会促使孩子自己动脑，也能更让孩子全神贯注地玩这个新游戏。

建议三：成为孩子的合作者而不是指挥者

既然是和孩子一起玩有创意的游戏，那么妈妈和孩子彼此间就应该是一种合作关系，妈妈做妈妈该做的事情，孩子做他可以承担的事情。有的妈妈觉得自己是长辈，提醒孩子该怎么玩不是更能把握玩耍的方向吗？

其实不然，越是有创意的游戏，越需要孩子自己去动脑筋，也更需要妈妈和孩子彼此间的合作，同时对游戏的思考也要两个人一起进行，可以彼此商量着来，这才是合作。所以，妈妈不要过多干涉孩子玩游戏时都做了什么，而是要允许孩子自由发挥，妈妈只要专心自己该做的事情就好了。

建议四：别把游戏跟学习联系得太明显、太紧密

一提到有创意，有的妈妈总会不自觉地将游戏与孩子的学习紧紧相连，总希望能通过玩个游戏来让孩子学到些什么。当然这样的想法原则上来说不算错，但是如果连玩个游戏都要与学习挂钩的话，孩子是不是会对这个游戏感兴趣就不得而知了。再加上妈妈还要和孩子一起玩，孩子无疑就会觉得自己是在被妈妈督促着进行另一种方式的学习，游戏的趣味性也就大大降低了。

所以，妈妈也要将游戏和学习有所区分，最好顺其自然，如果游戏中有可以学习的地方，就顺势提醒孩子一下；如果游戏真的就只是一个锻炼脑力或身体的游戏，妈妈就和孩子好好地玩一玩。

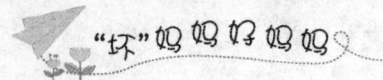

教子箴言

妈妈和孩子一起玩有创意的游戏,一方面是引导孩子接触更有意义的游戏;另一方面也是在促进妈妈与孩子之间的亲密关系的发展。有意义的游戏加上妈妈的陪伴,相信孩子将会更加喜欢每天的游戏。

经常跟孩子聊天,引导他说出心里话

教育不是单方面的说教,也需要孩子能和妈妈有所互动。妈妈对孩子的陪伴,除了陪他一起玩,还可以陪他一起聊聊天,尤其是可以引导他说出心里话,帮他排解内心的郁闷情绪。这也是增进母子感情的一种很不错的方式。

家教现场

几位妈妈坐在一起聊天,不一会儿妈妈们就互相说起了自己孩子的事情。

妈妈甲说:"我儿子该上初中了,不过还好,我经常跟他聊天,他倒也是什么心里话都跟我说,我们彼此关系可好了。"

妈妈乙说:"我也经常跟我女儿聊天,感觉还不错。"

妈妈丙附和着说,自己也经常和孩子聊天,总能了解到很多发生在孩子身上的事情。

第三章 用真心去陪伴孩子

这时,在一旁一直没说话的妈妈丁忍不住开口了:"你们都和孩子聊天吗?孩子也真的说心里话吗?我从来没和孩子聊过。"

妈妈甲点头道:"还是和孩子多聊聊的好,时间长了他会把你当知心人的。"

☆ 家有"坏"妈妈 ☆

妈妈丁想了想,皱着眉头说:"这和孩子聊什么呢?"

妈妈乙说:"什么都可以呀,关键是你要能陪着他聊。"

妈妈丁摇了摇头:"这么说来,我觉得还是不要和他聊,我希望他有更多时间学习,总聊天还什么都聊,这多耽误工夫啊!不行,我还是不和他聊天了。"

☆ 家有好妈妈 ☆

妈妈丁若有所思地点了点头:"嗯……你这么一说,我还真觉得孩子与我并不那么亲近。虽然也陪她玩游戏,不过聊天倒是不多。"

妈妈丙说:"多和孩子聊一聊吧,她其实也希望你能和她聊聊天。"

妈妈丁点了点头:"也是,我也想知道她是怎么想的。看来只陪着她玩游戏还不够,我们也该跟她说说心里话了。"

●●●●▶ 案 例 分 析 ◀●●●●

"坏"妈妈更关注孩子的学习,觉得闲聊天很耽误时间。虽然这种关注不能算错,但对孩子来说太严肃了一些,少了许多属于母子之间的温情。孩子整日都被学习包围着,他的生活也就会缺少许多快乐。

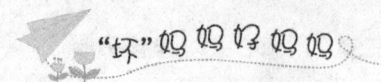
"坏"妈妈好妈妈

好妈妈显然注意到了和孩子聊天的好处,也发现了自己之前做得不足的地方。当妈妈主动想要有所改变时,孩子一定会收到一份惊喜。

很多妈妈都不知道该怎么和孩子聊天,母子俩坐在一起,要么是孩子不停地说自己遇到的好玩的事情,妈妈在一旁"嗯嗯啊啊"地听着;要么就是妈妈颇具有"哲理性"的说教诲。这显然都不是聊天,因为妈妈的角色有时候是纯粹的听众,有时候又变成了纯粹的说教者。

真正的聊天,尤其是妈妈和孩子之间的聊天,应该是充满温馨的,是可以随便聊一聊的,找一些温暖的话题,由此说开去,然后妈妈在不知不觉中引导着孩子说出深藏内心的感觉与感情,妈妈再帮着孩子化解内心的情绪,让孩子变得更坚强快乐。

所以,聊天也应该是妈妈对孩子的陪伴中的一种重要方式,妈妈不如也多试着和孩子聊一聊,一次两次三次之后,总能让孩子放松下来,母子之间的温暖也就自然而然地萦绕在身边了。

教育建议

建议一:一定是跟孩子聊天,而不是说教

就像前面所提到的,妈妈和孩子的聊天,一定得是轻松的、自然的,是想说什么就说什么的,而不能是严肃的说教,更不能拿孩子的缺点作为聊天的谈资。

妈妈要想着用最温暖的方式去和孩子聊天,要放下自己身为教育者的大架子,即便是温暖的聊天,也同样可以教育人,何不选择让孩子感觉更舒服的教育方式呢?

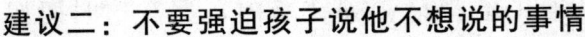

建议二：不要强迫孩子说他不想说的事情

妈妈和孩子的聊天，其中一个目的可能就是想要引出孩子的心里话。但是，孩子也有自己的打算，他的心里话可能会埋得很深，并不是那么容易就说出来的，或者说他暂时还不想说出来。那么妈妈就要尊重孩子的隐私，不要强迫他必须说出心里话，要允许他藏起自己的小秘密。可以告诉他，等到什么时候他觉得时机成熟了，觉得可以说出来了，妈妈将会一直是他最好的听众。

另外，就算妈妈已经知道了某些事，也不要非得用"我早就知道了，你就说吧"这样的态度来强迫孩子，一切顺其自然，等着孩子自己开口才是最为理智的，才不会招致孩子的反感。

建议三：要真心实意地和孩子聊天

聊天虽然看似随意，但也需要妈妈付出真心，不能带着某种想要探究的目的，更不要有"这回我可得好好抓住你都犯了什么错"这样的想法。

聊天的真心实意，就是一种简单的、温暖的态度，就只是"孩子，妈妈想和你随便闲聊，想和你一起感受温暖时光"这样的一种感觉。妈妈要把握好聊天的态度，不能将好好的聊天变成妈妈的穷追猛打和孩子的左躲右闪。

当然，妈妈也需要多加留心，要注意到孩子说出来的内容，然后抓住重点，及时帮孩子排忧解难。

建议四：用最自然的方式和孩子聊天

聊天讲究一种休闲，越是轻松自然，孩子可能越容易讲出心里话，因为氛围在那里了，他会不自觉地融入那种温暖、闲适、简单的氛围之中。如果妈妈正襟危坐，面带严肃，孩子一看心里就先筑

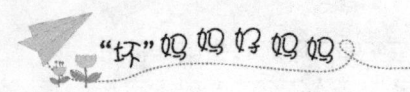

起了一道墙，将自己所有的心里话都关在墙内，那么这时妈妈听到的可能就都是些无聊的虚话了。

所以，要和孩子聊天，就找个彼此都休闲的时间，简单的一句"哎，今天我看见一幅好看的画，我觉得你也能画"，或者从孩子的一句"妈妈，我今天看见了一件事……"开始，天南海北，什么都说，这样孩子才最喜欢。

教子箴言

教育也可以很休闲，妈妈和孩子简单轻松地聊天，就能解开孩子内心的各种小心结，也能让他的各种小情绪得到舒解。所以，妈妈没必要将教育看成那么隆重的事情，越是生活中的平常自然，才越能走进孩子的内心。简单地陪伴，简单地聊天，同样能起到教育的效果。

关注孩子的世界要站在他的角度

作为成年人，妈妈总觉得很难理解孩子的世界，不知道他为什么难过，不清楚他为什么又突然变得开心，他的世界似乎很难介入。但这也不是绝对的，妈妈若要了解孩子，最好的方法就是站在孩子的角度去关注他的世界，用他的眼睛去看世界，用他的思想去思考。

第三章 用真心去陪伴孩子

▶ 家教现场 ◀

妈妈带着 4 岁的孩子去逛超市，逛了没一会儿，孩子就一脸不高兴地说："我要回家！"

妈妈疑惑地说："这才进来没一会儿呀，刚才还好好的，现在是怎么了呢？"

孩子撅着嘴说："什么也看不见。"

妈妈一愣："怎么看不见呢？"

孩子说："就是看不见！"

☆ **家有"坏"妈妈** ☆

妈妈觉得有些生气了："什么看不见，我可什么都看得见，我看你就是没事找事！"

孩子也生气了："本来就是看不见！"

"你还犟嘴？"妈妈吼道，"超市里全是东西你还什么都看不见？带你出来就没好事！就算真看不见怎么了？不就买个东西吗？给我好好跟着，买完东西就回家了，不许再闹！"

孩子越发不高兴了，超市逛得也越发没意思了。

☆ **家有好妈妈** ☆

妈妈蹲下身子看着孩子："是吗？"

孩子指了指周围，说："不信，妈妈您看。"

妈妈顺着孩子的手指一看，周围的货架上，卖得好的东西都摆在上层，其中也包括孩子喜欢的那些零食玩具，而不怎么受欢迎的东西则摆在下层，有的货架下层还没有摆货品。

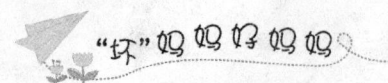
"坏"妈妈好妈妈

妈妈瞬间明白了，说道："看来是真的看不见啊，妈妈忽略了这一点。嗯……这样吧，我们去推一个购物车，你坐在车上应该就能看见了。"

说着，妈妈找了一辆购物车，把孩子放到了车子前的小座位上，孩子感觉视野开阔了许多，心情也好了很多。

案例分析

"坏"妈妈是从成年人的角度去看的，她当然什么都看得见，可才4岁的孩子个头儿又矮，认识的东西又少，也不是购物的主体人群，在他眼里自然什么都看不见。但妈妈却没有从他的角度去看，只是从自己成年人的思维去考虑，认为孩子是在无理取闹，这也难怪孩子和妈妈两人最后都不高兴。

好妈妈的第一个动作就是正确的，她蹲了下来，用和孩子同样的高度去看周围的世界。她在用孩子的思维去思考，所以发现了孩子说"看不见"的真正原因。而当妈妈能顺着孩子的心思去思考，并提出更恰当的解决方案时，孩子当然会"雨过天晴"。

总有妈妈说，孩子的世界太难理解，天知道他到底在想什么，好像总也猜不对。其实不是猜不对，而是妈妈根本就用错了关注的方法，只有站在孩子的角度去思考，才会推开孩子世界的大门，才能发现孩子到底是从哪个角度去看问题的。

有的妈妈觉得这有些难，毕竟已经习惯了用成年人的思维去思考各种事情，妈妈总是会以成年人更为理智的思考去推测孩子的想法，然后想当然地认为孩子就该是怎样怎样的。而等到发觉时，成年人视角得出的结论早已根深蒂固，于是对孩子的世界也就更加不能理解了。

所以不要再高高在上的用成年人的视角，而是蹲下来用孩子的视角，顺着他的想法试着想想看，把自己也当成一个孩子，看看是不是会有全新的发现。

教育建议

建议一：尽量和孩子保持同样的视线高度

要看到孩子的世界，一个最基本的外在表现，就是要尽量和孩子的视线高度保持一致。对于年龄小一些的孩子来说，妈妈就应该蹲下来，而对于个子稍微长高一些的孩子来说，妈妈就要勤弯腰。

妈妈有了这样的动作，就会让孩子感受到一种尊重，因为他就不用仰望高高在上的妈妈了。而当自己的视线和孩子的视线在同样的高度时，妈妈也就会看到孩子所看到的世界，也许就能理解孩子在某些时候所表现出来的与众不同的情绪了。

建议二：把自己想象成是一个孩子

为了能真正看到孩子的世界，除了要降低自己的身高以适应孩子视线的高度和范围之外，妈妈还要把自己也想象成一个孩子。尽量将自己幻想成和自己的孩子同年龄的另一个孩子，体会这个年龄段的孩子有怎样的想法，会有什么样的行为，会有怎样的情感，可能会产生怎样的情绪，等等。

建议三：多了解孩子们普遍的喜好与思维方式

当妈妈能将自己放低姿态，把自己想象成一个孩子之后，还有一件很重要的事情要做，那就是要去了解一下当下的孩子们都喜欢

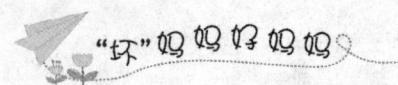

什么,更要知道他们的思维方式普遍都是怎样的。

之所以要做这样的工作,是因为妈妈小时候的思考方式和现代孩子的思考方式会有明显的不同。举个简单的例子来说,妈妈小时候可能觉得家里给买块蛋糕是很奢侈的,对于自己来说也是非常高兴的事情,但现在的孩子对蛋糕已经习以为常了,并不会觉得有特别的兴奋。假如妈妈不了解当下孩子的感受,即便将自己放在孩子的位置,可能也只会按照自己的思维去思考。

所以,若要想真正了解孩子的世界,妈妈应该多观察一下现在孩子们的喜好,了解一下他们对什么会更加感兴趣,如果有可能也要多和孩子们聊聊天,知道他们现在的思维方式到底是怎样的,看看他们都可能会有怎样的共鸣产生。只有做到这些细致了解,妈妈才能实现自己的目的。

建议四:不要嫌弃孩子的世界很幼稚

不管怎么说,孩子的世界终归并不是那么现实的,他可能会幻想,可能会期待,还可能会逃避,但这就是孩子的世界,很真实,很单纯。妈妈要用理智且中正的态度去面对这个世界,不要觉得很幼稚,更不要加入太多成年人的评判。当妈妈对孩子的世界理解得越简单,反倒越能走近孩子。

教 子 箴 言

用孩子的视角去看待孩子的世界,是妈妈对孩子的一种更深层次的陪伴。当妈妈能看到孩子的世界时,孩子会觉得妈妈离自己不再那么远,他就不会认为妈妈是高高在上的成年人,而是能与之心贴心的好妈妈。

积极谈论孩子喜欢的话题

与孩子聊天其实是一件很有意思的事情，通过聊天，妈妈会发现孩子有很多新奇的想法。不过，这样的情况只会出现在以孩子的兴趣为主要话题的谈话之中。所以，为了能让孩子有一个愉快的谈话经历，妈妈就要积极地与孩子一起谈论他喜欢的话题，调动他谈话的积极性。

••••➤ 家 教 现 场 ◄••••

吃完晚饭后，全家围坐在电视机旁看新闻，刚好新闻中出现了一条与动漫游戏有关的话题，孩子便兴奋地说起了自己的看法，妈妈在一旁一直听着，她只是知道孩子喜欢这类的话题，但没想到他会说得这么多。

☆ 家有"坏"妈妈 ☆

妈妈一开始还能附和着"嗯嗯"，但很快她就发现没什么可回应的了。但难得起来的谈话氛围她又不想破坏掉，于是便临时转了个话题，说道："要是你对学习也能这么精通就好了。哎，我听说你们班上有好多人都去上学习班了，那是个什么班啊？你有没有和同学打听一下？"

一听这个话题，孩子兴奋的表情立刻不见了，极其不想回答但又不得不回答，只得简单地回应几句，并且很快就结束了这个

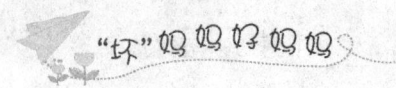

话题。

☆ **家有好妈妈** ☆

妈妈认真地听着孩子的话,没有打断,也没有转移话题,时不时地还能问上几句,或者接上几句。更让孩子惊奇的是,妈妈也能说出来一些动漫和游戏的名字以及人物。母子两人聊得很开心。

最后,孩子兴奋地说:"妈妈怎么知道这么多呢?"

妈妈一笑才说:"当然是好好地'学习'了一下呀!怎么样,以后妈妈也能和你好好聊了吧?"

孩子也被逗笑了:"妈妈最好了!"

案例分析

"坏"妈妈虽然也有想要和孩子聊天的欲望,但是她选择的话题却是自己关心的。本来很高兴的聊天,却因为话题突然从孩子喜欢的内容转成了他不大喜欢的内容,结果这个聊天时间不得不草草结束。

好妈妈则很好地将这个聊天进行了下去,与孩子一起聊他喜欢的话题,让他感到很惊喜。而且妈妈的态度也很让孩子高兴,她不仅好好"学习"了孩子喜欢的内容,还主动和孩子继续这个话题,也难怪孩子会由衷地表达自己对妈妈的喜爱。

孩子其实都很喜欢和妈妈聊天,因为按理来说,他在妈妈面前可以很放松,可以畅所欲言,妈妈都会很包容他。可事实却是,许多孩子却很不情愿与妈妈聊天,随便问一个孩子原因,他的回答多半都会是"妈妈只和我聊学习,其他的都不让我说,我一说她就认为我不好好学习"。结果,孩子的聊天内容等于被限定了,也难怪他并不愿意和妈妈多说。

不得不说,妈妈的本意是好的,希望孩子能好好学习,将来能有所作为,可是孩子的生活却并不完全都是由学习构成的,他也会有兴趣爱好,有自己喜欢的东西,正是有了这些东西,他的生活才变得更加多彩。

所以,妈妈对孩子的学习不要感到太紧张,不要让他的生活中只有学习,否则只会将孩子推远。换一种更为温柔的表现吧,多和孩子聊聊天,尤其是积极地去和他聊他感兴趣的话题,让孩子能将妈妈当成自己的兴趣伙伴,这样,他的生活将会变得更加快乐,而同时,他也会更加喜欢妈妈。

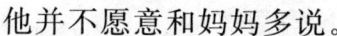

教 育 建 议

建议一:了解孩子喜欢的和不喜欢的话题

任何人如果和别人聊起自己喜欢的内容,一定会说得多一些,而且会说得更细致;可如果遇到自己不喜欢的话题,能少说就少说,能躲开不说更好。孩子也是如此,所以,妈妈若想要更好地和孩子聊天,就要先了解孩子喜欢的和不喜欢的话题。

妈妈可以问问孩子,看看他喜欢什么,不喜欢什么,当然这种询问应该是自然的,用很轻松的语气问出来就可以了。对于他喜欢的话题,妈妈可以多加留意,平时聊天就可以时不时地提出来,以增加孩子的乐趣;而对于他不喜欢的话题,妈妈需要先判断这话题或者这个内容对孩子是不是有意义,如果意义不大,那么以后再也不提就可以了,但假如有一定的意义,比如孩子都不喜欢说的学习这个话题,终归是对他有意义的,妈妈就要选择更轻松的谈话方式

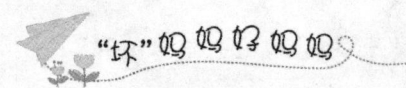

来和孩子提起，千万不要带有责备或者审问的意思。

建议二：尽量保证话题的延续性与纯正性

和孩子聊天的时候，最好是以孩子为主体，妈妈只需要保证自己积极的情绪就好。对孩子要注重"聊"，可不要只是单纯地听，孩子有来言，妈妈就要有去语，两个人要能聊得起来，这样才能保证话题的延续性。而且，妈妈不要只是"嗯嗯啊啊"地随声附和，也要能说出自己的某些看法或感觉。

同时，如果确定了一个主要的话题，那就要围绕着这个话题展开去，不要说一半突然就转移了话题，尤其是不要突然就将话题转移到了学习上，否则孩子会感觉非常不舒服。

建议三：不要以成年人的思维去评判孩子的兴趣

对于成年人来说，孩子的兴趣可能是很幼稚的，他们喜欢的东西，比如说玩具、动漫、游戏，可能都是成年人并不那么能看得上眼的。但是，这就是孩子的世界，成年人可不要用自己的思维去判断孩子的兴趣如何怎么样，一定要尊重他的兴趣，最好是像前面所提到的那样，将自己放在孩子的位置上去考虑，体谅孩子并且感受他的乐趣。

不过，妈妈需要注意的是，要判断孩子的乐趣是不是正向的，如果他具备的是一些恶趣味，比如，对他人恶作剧，总是嘲笑别人，总是以欺负他人为乐，等等，这时妈妈就要有所干涉了，提醒他这是不好的兴趣，应该及时改正。

建议四：了解孩子所感兴趣的东西的"最前沿消息"

很多东西都会随着时间的流逝而不断更新、进步，孩子喜欢的东西也是如此。举个最简单的例子，孩子喜欢看的动画片，第二十集里出现的人物很有可能就会比第一集里出现的人物要多许多,如果妈妈只关注了第一集,只知道了个大概,那么和孩子聊天时,肯定就会不知道他提到的后面出现的人物都是谁。

所以,妈妈不仅要了解孩子喜欢的东西,也要了解这些东西的"最前沿的消息",知道它们都产生了哪些变化,这样再和孩子聊天时,妈妈就不会显得很"落后",这个聊天也就能始终保持一种愉快的氛围了。

教子箴言

当妈妈选择了孩子喜欢的话题去展开讨论时,孩子会感到惊喜,会觉得快乐,那么这个聊天就能继续下去,妈妈也会从孩子聊天的内容、方式、语气等方面去从侧面了解他。而且,妈妈这种积极的态度也会让孩子感到和妈妈是有的聊,他也会更放松,母子间的感情也会随着这样的聊天越来越多而变得越来越亲密。

控制情绪,不对孩子大吼大叫

每当妈妈对孩子吼叫的时候,孩子的注意力都会被转移,他会更关注吼叫这种表现形式,而不是吼叫的内容。所以,妈妈的情绪对于教育也是有着很重要的影响的,如果妈妈能很好地控制自己的情绪,不大吼大叫,冷静地表达自己的意见,反而能让孩子信服。

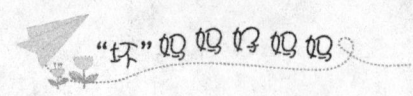

家教现场

调皮的孩子在屋子里跳绳,结果绳子钩住了家里的吊灯,把吊灯下面坠着的玻璃小珠子都打了下来,珠子散落一地,有的还摔碎了。

听见响声从厨房跑过来的妈妈一看这场景,脸上表情有些凝重。而孩子也吓坏了,站在原地一动不动,大气也不敢出。

☆ 家有"坏"妈妈 ☆

妈妈使劲瞪了孩子好一会儿,然后才对他吼道:"又没事找事是吧!哪有在屋子里跳绳的?好好的灯都让你打坏了,你就捣乱吧,看你爸爸回来不揍你!"

孩子当然无话可说,在一旁依旧不敢动,看着这情景,妈妈又吼道:"现在老实了吧?整天就知道给我找事!一点儿好都不学!你怎么就这么不让人省心!"

☆ 家有好妈妈 ☆

妈妈深吸了一口气,然后走过来问道:"有没有伤到自己?"

孩子连忙摇头,妈妈这时才说:"屋子里可不是跳绳的地方呀!这还只是打碎了吊灯的装饰,要是把吊灯打下来,再砸到你身上,受伤的可是你自己,到时候受罪的也是你自己呀!"

孩子羞愧地低下了头,小声说:"妈妈……我错了,以后我再也不在家里跳绳了。"

妈妈点了点头,这才说道:"好了,看这一地的碎玻璃……"

孩子赶紧说:"我来打扫!"说完,一溜烟地跑去拿来了扫帚和簸箕，卖力且认真地清扫起来。

案例分析

"坏"妈妈在事情发生之后，只顾着发泄自己的情绪，她吼叫出来的内容，只是在表达她的愤怒，完全没有告诉孩子下一步该怎么办。也许这一顿吼叫，孩子记住的就只是妈妈很生气，但却依然不知道现在和以后遇到类似的事情该怎么处理。

好妈妈虽然也很生气，但却理智地控制住了自己的情绪，她平静地关心着孩子，更告诉了孩子这样做的错误所在，而她的平静，也让孩子很快就意识到了自己的错误，并积极主动地去弥补，这才是正确的处理办法。

很多妈妈对自己情绪的控制都不算好，一遇到孩子出问题时，妈妈就会对着孩子大吼大叫。其实这样根本就不解决问题，当孩子做错的时候，他内心已经产生了一种愧疚感，而妈妈的吼叫则会放大他的愧疚感，如果妈妈再吼叫出一些不经大脑的很难听的内容，那么孩子甚至会否定自己整个人，认为自己就是个调皮捣蛋不让人省心的家伙。而且，更多妈妈的吼叫只是单纯的情绪发泄，根本就没有解决之道，孩子只能在吼叫中体会恐惧，最终却什么都没有学会。

更重要的是，妈妈的吼叫可能在前几次是管用的，而吼叫的次数多了，孩子也会发现其中的规律，他会感觉到"反正妈妈只是吼叫一通就算了，也没什么其他的指示，无所谓了"，到这时，妈妈的吼叫也就完全不管用了。

所以，要解决孩子的问题，妈妈应该更智慧一些，虽然他犯的

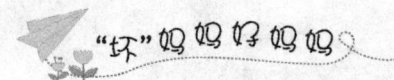

错很让人抓狂，但也要控制好自己的情绪，采取不吼叫也能处理的方式，更好地解决问题。

教育建议

建议一：不要太过计较孩子的错误

孩子犯错是再正常不过的事情，因为他的理解能力、处事能力都还不那么完备，所以他总会出现各种失误。而且更重要的是，孩子犯错其实恰恰是他正在成长的非常正常的表现，经历了错误，才知道怎样的表现是不被认可的，才知道正确的做法应该是怎样的，然后他才能进步。

所以，妈妈对孩子的错误应该更理智地去看待，不要觉得孩子犯错是多么了不得的一件事情，要多想想应该怎样让孩子纠正错误，应该怎么让他记住以后不再犯类似的错误，这样就不会觉得太过生气了。

建议二：情绪上来的时候不要教训孩子

不管怎么说，看见孩子犯错，尤其是当妈妈反复叮嘱之后他还依然出错的时候，妈妈会觉得很生气，这也是难免的，所以，当情绪上来的时候，妈妈最好先给自己一段平复情绪的时间，不用很长时间，几分钟就好，提醒自己遇到这种情况要先冷静下来。而在这段时间里，妈妈最好先不要和孩子说什么，等到自己情绪逐渐平复下来之后再说。

建议三：即便是教育也要降低声音

很多妈妈觉得，教育孩子的时候如果声音很高，那么孩子应该就会觉得有震慑力，这样一来，不管妈妈说了什么，他也都会更加在意。可是有这样一句俗语，"有理不在声高"，只要妈妈说得在理，哪怕不用很高的声音也一样可以进行教育。

妈妈可以保持严肃的表情和语气，将自己因为什么而生气说清楚，将该讲的道理都讲明白，孩子也会理解妈妈为什么生气了，而且也应该就能记住妈妈的教育了。

建议四：如果对孩子已经吼叫过了要记得道歉

并不是所有人都能很好地控制自己的情绪，也许当时着急，就会立刻对着孩子吼叫起来。但是，当情绪发泄过去之后，妈妈还是应该记得给孩子道个歉，为自己不受控制的情绪解释一下，以免孩子因为妈妈的情绪而感到伤心或者害怕。除了表示歉意，妈妈最好还要告诉孩子，以后自己会记得控制情绪，并尽量不再对孩子吼叫。要知道，掌控情绪，才能掌控未来，这个未来是自己的，也是孩子的。

教子箴言

教育不是靠吼叫的，越是平静的态度，越是平和的语气，反倒越能带来威慑力。所以，妈妈要控制好自己的情绪，对孩子不吼不叫，用理智的态度去应对他犯下的各种错误。妈妈的理智也会使孩子更好地反省，并且主动想到改正。

第四章
培养孩子成为自立自强的人
—— 让孩子做最棒的自己

作为妈妈,对孩子的疼爱是其他人所不能比的,十月怀胎后辛苦生下来的孩子,在妈妈眼中就是掌上的宝贝,所以妈妈恨不能将所有的爱都奉献给孩子,甚至可能会尽己所能地帮他做好一切。但这样做显然是爱得过了头,孩子逐渐失去了自立自强的性格。所以,妈妈应该适当放手,对孩子加强培养,让他能逐渐做一回自己,并成为最棒的自己。

管教与启发，缺一不可

在教育孩子的时候，绝大多数的妈妈会习惯使用管教，妈妈会觉得管教这个方法很有威严，对孩子更具有震慑力，孩子也会听话。但实际上，教育不仅仅是只有管教，妈妈还要善于循循善诱地启发，二者双管齐下，才能保证孩子既改正了错误又能有所成长。

家教现场

孩子最喜欢看动画片，每次都看不够，放学回到家的时间，刚好是动画片开始的时间，他就会立刻打开电视机，津津有味地看起来。如果妈妈不催促，他绝对不会自己主动从电视机旁走开，有时候甚至会因为看动画片而忘记写作业。

妈妈为此也感到头疼，之前总是反复提醒，但孩子却并没往心里去。后来，她觉得得换一换方法了。

☆ **家有"坏"妈妈** ☆

妈妈给孩子定了一条规矩，要求他每天只能看半个小时电视，到时间就得关电视，否则就要受惩罚。孩子并不情愿接受这个规矩，每次到时间了也得妈妈催好几遍他才肯关电视。

终于妈妈发怒了，训斥道："每天让你看半个小时就不错了！你如果记不住这个时间，还是磨磨蹭蹭地不愿意关电视，要不你就罚站去，要不就让你爸揍你一顿，你选吧！"

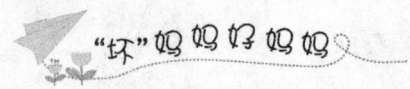

孩子也不高兴了,但又不敢反驳,只觉得很压抑。

☆ **家有好妈妈** ☆

妈妈找了一天和孩子一起看了一集动画片。

看完后,妈妈说:"动画片真的很好看呀!不过啊,如果是我的话,我会把该做的事情都做完,然后再看,看一会儿之后就休息一下,去做点别的事情。我觉得你之前的做法不算好,像那样没完没了地看,该做的事都没做,身体也感觉很累。"

孩子想了想:"嗯……好像是那么回事,我看了一会儿也觉得脖子有点累,可是只要一开始看就停不下来了,这该怎么办呢,妈妈?"

"制定个时间表怎么样?"妈妈建议道,"按照时间去做,可能会好一些。"

"那我试试吧。"孩子说着便开始动手规划起时间表来。

◆ 案 例 分 析 ◆

同样一件事情,"坏"妈妈选择用严格的规矩约束孩子,可她的约束让孩子感觉很不舒服,这才选择"反抗",但又不敢明着反抗,所以才磨磨蹭蹭地打着擦边球,结果妈妈也感觉不舒服了,这才忍不住暴怒,甚至说出威胁的话来;而好妈妈则很理智,没有直接去管教孩子,而是很平和地去启发孩子自己发现该怎么做,她的建议让孩子感觉到是可行的,这才心甘情愿地采纳建议并主动去实施。

显然,"坏"妈妈只是在强迫孩子遵守她定制的规矩,是她在主动约束孩子,孩子可能会听也可能不会听,而且他并没有主动改正的意愿;好妈妈的做法同样是管教,但同时也加入了有效的启发,引导孩子思考自己的行为,并且适时给出合理的建议,帮助他能主动想办法改善自己的行为。

通过这样的对比就能看得出来,管教和启发同时使用,对孩子的教育就会更管用。否则,单纯地管教只会让孩子感觉受强制,再加上有的妈妈还会用非常严厉的态度去训斥孩子,甚至会加入各种惩罚手段,这就会让孩子感到很不舒服。

更令人担忧的是,管教是一种强制性的手段,孩子可能并不会因此而产生主动改正的意愿,也不会主动思考自己该怎样变好,只会觉得"反正不过就是被骂一顿,无所谓了"。

所以,妈妈不要只是管教孩子,而应该是管教结合启发,这样孩子既能明白自己哪里不正确,同时也会在妈妈的引导下想着自己主动去改正,这样才有助于孩子形成自我约束的能力。

教 育 建 议

建议一:不要用高声和难听的话语去管教

一提到管教,妈妈会觉得这是一件非常严肃的事情,所以妈妈可能就会用很严肃的态度去对待。于是,妈妈往往都会用较高的声音和不那么中听的话语去管教孩子。其实管教也并不需要这么严厉,孩子更愿意接受有道理的话,而不是妈妈的讽刺、挖苦甚至是辱骂。

建议二:要能启发到点子上

启发孩子的话语是一种引导,这些引导性的话语要能让孩子认同妈妈的建议,并且发自内心地感觉自己的确是需要改变的。

这也就是提醒妈妈,启发孩子的话一定要说到点子上,要针对

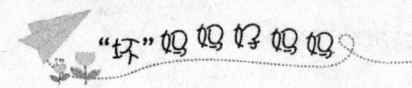

孩子的问题去启发,要做到就事论事,不要说得太远、太多,要让孩子能理解妈妈的意图。

建议三:管教与启发要巧妙结合

如果只是管教,孩子会觉得受到了强制性的教育,他会有不舒服的感觉,而且也会逐渐依赖妈妈的管教,如果不管教,他反而会毫不注意自己做错了什么;而如果只是启发,孩子可能根本还没意识到自己出了问题,甚至会觉得妈妈有些莫名其妙,因此也就不能理解妈妈当下启发的意义。

所以,管教与启发要结合在一起来使用,管教是为了让孩子意识到自己犯了错,妈妈通过管教来进行提醒;而启发则是为了让孩子知道该怎样去避免犯同样的错,并且该如何进行"自我修复"。

当然,这种结合最好要巧妙一些,比如,可以先提醒孩子他出了问题,然后再启发他自己思考;或者,可以先启发他想想自己的做法存在哪些问题,然后再通过管教来提醒他注意自己的错误。

建议四:合理分配管教与启发的力度

要想把管教和启发真正做好,做妈妈的就需要根据孩子的特点,合理地分配管教与启发的力度。

比较调皮的孩子其实头脑都很灵活,如果管教力度不够,他可能会毫不在意,所以管教就要力度大一些;而相对的,正因为他头脑灵活,简单地几句启发也许就会让他明白妈妈的意图,启发就可以采取点拨的方式。

比较老实的孩子反应较为慢一些,管教起来倒不必要很大力度,只要提醒几句他可能就知道怎样做是不正确的了,反倒是在启发上需要多下点功夫，多一些引导，最好循序渐进地引导，让他能慢慢体会到妈妈所说的意图。

也就是说，妈妈在教育孩子方面最好灵活一些，不要看别人管教孩子很严厉、很有效果，自己便也跟着学。所以，妈妈要摸清自己孩子的个性特点，这样才能更合理地分配管教与启发的力度，从而让孩子能从这些教育中受益。

教子箴言

教育孩子不能只靠一种方法，也要"有苦有甜"，管教好比苦，因为孩子要直面自己的问题；而启发则是甜，启发会让孩子学到新东西，比如，掌握新技能，理解新道理。显然，这种苦甜结合的教育会让孩子有不同的感受，相比单一的管教或单一的启发，两者结合使用更能让孩子记忆深刻，教育效果当然也会更好。

教孩子理智讲理，而不是"听话"

"听话"，是很多妈妈在教育孩子时都会说的一种教育语言。在妈妈看来，自己说的都是正确的，所以孩子只要听话就做不错；可在孩子看来，妈妈的这句话非常强硬，他自己的想法都无法表达了。所以，应该多对孩子理智地讲道理，少用"听话"来约束他。

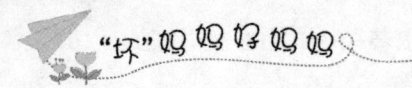

家教现场

星期一的早上，5岁的男孩因为想要去星期天去过的游乐园而不想去上幼儿园，在家里哭闹着不愿意出门。

爸爸劝了好久，男孩就是一直闹着别扭。

这时，妈妈走了过来。

☆ 家有"坏"妈妈 ☆

妈妈说道："听话！去幼儿园的孩子才是好孩子！"

男孩继续闹着别扭："就是不去！"

妈妈生气地提高了声音："你又不听话了！赶紧去！"

"就不！"男孩依旧嚷着。

"不听话妈妈就不喜欢你了！"妈妈最后说道。

男孩紧闭着嘴，眼里含着泪，就是不点头，最终，妈妈让爸爸把男孩强行抱走了。

☆ 家有好妈妈 ☆

妈妈蹲下了身子说："你都两天没看见同班的小朋友了，你不想和他们一起玩吗？"

男孩犹豫了一下，说道："想……可是、可是我就是想去游乐园。"

"嗯，我能理解。"妈妈说，"但小朋友们也应该想你了，幼儿园里也很好玩呀！而且你已经是5岁的大孩子了，上幼儿园也是你的责任呀！我们不是要做个负责任的好孩子吗？游乐园以后我们一定会再去的，你放心好了。"

男孩想了想，才点点头说："好吧，我去幼儿园，那妈妈，拉

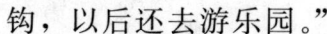

钩，以后还去游乐园。"

妈妈笑着和男孩拉了拉钩，男孩乖乖地和爸爸出了门。

案例分析

"坏"妈妈似乎没有更好的教育说辞，只是一个"听话"反复用，总是在对孩子强调听话了如何，不听又有会有怎样的后果，却并没有帮他转变思想，结果孩子是被强迫性地抱走了，他心里应该还是很不情愿。

好妈妈从头到尾都没有出现"听话"这样的字眼，可她却站在孩子的角度理解了孩子，而且很理智，一直都没有因为孩子的不配合而生气，她在给孩子讲道理，让孩子最终信服了她所说的话，自己主动去了幼儿园。

显然后一种做法相对来说是比较省力的，同时也让妈妈和孩子都感到身心愉快。

很多妈妈认为，孩子身上会有各种各样的状况发生，很多情况自己本来已经叮嘱过了，或者本来就不应该那么做，但孩子却依旧我行我素，明摆着就是一副不听话的样子，所以很自然地就会想到用"听话"来进行教育。

事实上，孩子的反抗并不是他真的在和妈妈过不去，他不过是在表达他的想法，他很希望获得妈妈的赞同，或者听到妈妈对他的解释。妈妈其实应该觉得这是个不坏的现象，孩子有了自己的想法，并不再只听从他人的指示，这应该算他向自立的道路上迈进了一步。所以，妈妈何必非要用"听话"这样强硬的命令，再让他退回这一步，重新回到依赖妈妈的境地上呢？

妈妈要意识到孩子的成长，不要总妄图用自己的命令来约束他的一举一动，多保持理智，给他讲讲道理，让孩子也通过妈妈的表现学会理智讲理，而不只是跟在妈妈身后，像小木偶一样听命令行事。当孩子的头脑中装进了正确的道理，他自然就会主动地进行自我约束，也就不会再轻易出错了。

教育建议

建议一：不要要求孩子事事都"听话"

"听话，听妈妈的准没错！"这是不少妈妈在教育孩子时都必不可少的一句嘱咐，似乎说了这样一句话之后，孩子就能不犯错至少是少犯错了。可是，如果孩子所有事都听妈妈的话，那么他在处理事情时就会显得非常死板。

设想一下，当孩子遇到一件事，如果是妈妈说过的还好，他可以照搬处理方法，可如果是妈妈没有说过的，即便是和某些已经说过的事情有同样的道理，孩子可能也依然不知道该如何处理。

更重要的是，在某些时候是需要孩子能灵活变通的，不能什么事都听话地去做。比如，妈妈说"不能爬高"，可如果低处全是水，只能从高处通过，孩子还一定要那么听话地"不爬高"吗？这也是提醒妈妈，不要什么事都要求孩子必须听话，尽量少用或者干脆不用"听话"来教育孩子。

建议二：遇事多给孩子讲道理

不用"听话"去教育，就要像前面的好妈妈那样，多给孩子讲讲道理，妈妈讲出来的道理，对孩子都是一种知识甚至是一种能力的积累。

妈妈给孩子讲的这些道理，在道德层面必须是正确的，或者是大部分公众都能认可的，是社会所需要的。一些妈妈自以为是的想法最好不要随便就"传授"给孩子，以免错误的道理让孩子也做出错事来。

建议三：慎重对待孩子口中的"我妈妈说"

很多孩子不管遇到什么事都会说"我妈妈说"，然后就按照妈妈说的去做。对于这种现象，妈妈要分两面来看，从好的一面来说，孩子能记住妈妈的各种嘱咐，这倒是能帮他避免一些错误，同时也表示他记住了妈妈的一些教诲；可是从不算好的一面来说，这也代表了孩子并没有自己领悟到事情的真正道理，不管遇到什么事情，他还只是遵循妈妈的说法，这就显得比较被动。

所以，对于孩子口中经常出现的"我妈妈说"，妈妈要注意思考，想想自己是不是真的对孩子说得太多了，从而导致孩子很少自己思考。如果是这样的话，妈妈就该适当减少自己过多的嘱咐，不要总是反复强调孩子要"听话"，是时候引导孩子自己去思考了。

建议四：引导孩子自己思考事情的道理

若要教孩子理智讲理，除了妈妈讲述各种道理之外，也要适当引导孩子加入自己的思考，为他摆出一些事实，给他一些思考的引子，逐渐让他自己悟出一定的道理来。孩子自己悟出来的道理会更加记忆深刻，以后再遇到类似的事情时，他就会想起自己当初的思考和处理方式，并做出正确的选择。当孩子能凭借自己的思考想通道理并进行合理的处理时，就意味着他又离自立更近了一步。

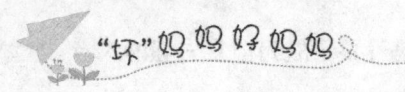

教子箴言

教育很劳心费神,但妈妈也要将自己出的力用在正确的地方,不要凡事都帮孩子想到了,什么都给他嘱咐到,要让他能意识到自己应该自立自强一些。妈妈的道理应该是一个基础,孩子从中有所学习,并将其内化成自己的东西,在未来自己处理事情时,成为自己的道理。

要懂得拒绝孩子的不合理要求

在孩子很小的时候,妈妈一般会对他的要求尽量予以满足,毕竟这时候他的要求也不是多么困难的事情。可随着孩子逐渐长大,他似乎已经习惯了"提要求,被满足"这样的生活模式,而他再提出来的一些要求可能已经不合理了,这时妈妈就要懂得拒绝他的不合理要求。

家教现场

冬天很冷的时候,孩子有一天忽然想吃冰糕,便对妈妈说:"给我买根冰糕吃吧。"

妈妈说:"很冷啊,这可是冬天,现在也没有冰糕可吃啊!"

孩子却很坚持自己的要求:"我就是想吃,妈妈给我买一根吧。"

☆ 家有"坏"妈妈 ☆

妈妈为难地说:"冬天也不能吃冰糕啊,我们不吃了好不好?"

孩子不依不饶道:"不行!就要吃!"

"会吃坏肚子的,"妈妈说,"家里有饼干,我们吃饼干好不好?"

"不好!"孩子依旧坚持,"我就是要吃。"

说着,孩子就拉起了妈妈的手,不断地央求,最后甚至躺在妈妈身上红了眼圈。

最终,妈妈叹了口气,让爸爸穿上棉衣出门去买冰糕了。

☆ 家有好妈妈 ☆

妈妈想了想,然后一脸神秘地说:"嗯……冬天啊,妈妈还是觉得吃冰糕可不算是个好主意,一不小心可会肚子疼。其实啊,冬天还有其他更好吃的东西哦。"

"是吗?"孩子忽然被妈妈的样子吸引了,"还有什么比我现在最想吃的冰糕还好吃?"

"当然有啊!"妈妈掰起了手指头说,"像热腾腾的烤红薯啊,火锅啊,哦,对了,你既然想吃凉一些的东西,冰糖葫芦怎么样?好多种口味任你挑哦。"

"啊!"孩子兴奋起来,"那我要吃豆沙馅的糖葫芦!"

妈妈笑着点头:"好啊!我们叫上爸爸一起去买。"

●●●➤ 案例分析 ◄●●●

好妈妈很有智慧,她没有直接去拒绝,但她也提出了自己的意见,而且还巧妙地用同样的话题、不同的内容既成功拒绝了孩子不合理的要求,又帮助他从原来的不合理要求上转移了注意力,让他

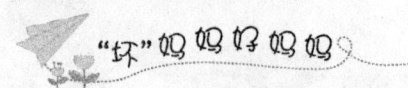

有了新的关注点,更重要的是保证了他最终拥有好心情。

"坏"妈妈的问题有两个,其一是没能拒绝孩子的不合理要求;其二则是她不能更有智慧地去拒绝孩子。而她身上的这两个问题,在很多妈妈身上也屡见不鲜。

孩子提出来的五花八门的要求,总是会有很多不合理的,对于这些不合理的要求,有的妈妈不会拒绝,认为只要孩子提出来了,就应该满足他,以此来体现自己对他的爱。但事实上,总是被满足不合理要求的孩子,会逐渐变得以自我为中心,会慢慢地认为父母都是围绕着他来转的,这样他就不会费力思考自己能做什么、不能做什么,从而逐渐丧失自立自强的愿望。而还有的妈妈虽然想要去拒绝,但要么是粗暴地只会说"不行",要么就是干脆毫不理会,如此一来,孩子会觉得自己是不被喜欢的,他可能也会变得自卑起来。

所以,对于孩子的不合理要求,妈妈不仅要有意识地去拒绝,还要有智慧地去拒绝,要让孩子既不会因为要求没被满足而感到失望,同时还能从妈妈这里学到一些有用的东西。

教 育 建 议

建议一:确定孩子有哪些要求是不合理的

孩子会在各种时候提各种要求,比如,炎热的夏天他想去游泳,下大暴雨的时候他想出去玩。单就这样的两个要求来看,第一个要求是合理的,也是可以实现的;而第二个要求则就需要妈妈好好地想想了,到底是不是合理的要求。

这就是在提醒妈妈,要对孩子的每一个要求进行认真的思考,有的要求是合情合理的,而且也恰好是孩子所需要的,比如,前面提到的热天游泳,妈妈就可以满足他,而且如果有必要,还可以和孩子一起去;有的要求表面看来是违背了一般原则,举个例子来说,有的孩子非要用家里的盐做鸡蛋浮力实验,而他很有可能会用掉家里所有的盐,这时妈妈要从培养孩子的探索精神出发,也可以适当满足他的要求,比如,再给他单独买一袋盐,让他专心做实验;而还有的要求,诸如冬天吃冰糕、暴雨天出去玩,等等,这就是孩子的任性而为了,他可能只是图自己一时的高兴,又或者是在对妈妈撒娇,那么对这些要求就要予以拒绝。

建议二:应该坚定而温柔地拒绝

妈妈在拒绝孩子的要求时,一定要坚定。一旦判定那个要求是不合理的,那么妈妈就要毫不犹豫地拒绝,可不要思考半天,或者犹豫不定,以免给孩子造成可以"再努力一下"的错觉。

不过,坚定的拒绝也并不是让妈妈就那么简单直接地对孩子说"不行",这太生硬了,会让孩子觉得妈妈冰冷而不好亲近,这就有可能导致他以后也不敢再对妈妈提要求。拒绝孩子也要有技巧,最起码要保持温柔。比如,同样说"不行",如果妈妈说"你的这个要求妈妈觉得不是很好",就明显比那简单的两个字要更能让孩子接受。

另外,也要注意观察一下孩子的情绪,以免他只是因为想要引起妈妈的注意而故意激怒妈妈,对于他的不良情绪,妈妈应该另想主意去解决。

建议三:不要有"满足一下也没关系"的想法

之所以说要"懂得"拒绝孩子,是因为的确有很多妈妈不懂拒绝,出于一种宠爱心理,一旦孩子提出什么要求,妈妈就会觉得不

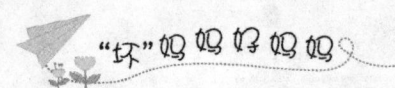

满足似乎有些不舍得,再加上孩子可怜巴巴的央求,或者是来势凶猛的眼泪攻势,妈妈会很快就败下阵来。

更有的妈妈还会有这样一种心理:"偶尔满足一下也没关系,下次再拒绝就好了。"殊不知,拒绝的话如果在第一次没有说出口,那么后面就更难说了,因为孩子已经抓住了妈妈的弱点,他已经试探出妈妈的底线,才提出自己的要求的。

所以,不要觉得满足一下没关系,只要是不合理的要求,妈妈一点口都不能松,不给孩子跨过底线的机会。尤其是在告诉孩子"不行"之后,妈妈要坚持自己的原则,对于他其他的合理要求可以答应,但他的不合理要求一定不要再予以理会。

建议四:不要用满足其他条件来达到拒绝目的

还有的妈妈会犯这样一种错误,那就是用满足其他的条件来跟孩子的不合理要求做交换。

还用冬天吃冰糕这件事来举例。有的妈妈会说:"这样吧,如果你同意不吃冰糕,那我就给你买双新鞋。"这种交换其实反倒助长了孩子提出不合理要求的心理,这其实相当于他两面都不吃亏——如果妈妈同意了他的要求,那么他心满意足;就算妈妈不同意,也还有一个补偿在等着,他同样能获得惊喜。

所以,拒绝就是拒绝,不附加任何条件,更不能用任何诱惑去交换,与其在用什么条件来进行交换上去下功夫,倒不如动动脑筋,用智慧去拒绝孩子的不合理要求。

第四章 培养孩子成为自立自强的人

> **教子箴言**
>
> 孩子提出不合理要求这不是错,他可能是在试探妈妈的底线,也可能是想要借由不合理要求换取妈妈的注意,所以妈妈要懂得有智慧地拒绝他的这些要求,让他知道提要求也要讲究分寸。与此同时,妈妈也要多给孩子一些关爱,不要让他误认为妈妈不满足他的要求就是不疼爱他的表现。

把自主选择的机会还给孩子

孩子想要做什么,这其实是他自己内心的想法,而他最终的选择也应该由他自己来决定。可现实却是很多妈妈越俎代庖,替孩子选择了妈妈认为还算不错的选项。但这只是妈妈的意愿,孩子可能会因此而丧失自我主动性。所以,妈妈还是把自主选择的机会还给孩子吧!

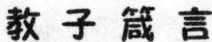

家教现场

初中新学期开始,学校里的兴趣小组又开始招募新组员了,13岁的男孩收到了一张兴趣小组选择表,上面罗列了各种兴趣小组的名称,男孩只需要在自己将要加入的小组名字前打个钩就可以了。男孩将这张表拿回了家,准备和妈妈一起商量一下。

☆ **家有"坏"妈妈** ☆

妈妈看了一眼表格,连考虑都没有,就直接指着表格上的第一个兴趣小组说:"就这个吧,其他都不用考虑了,妈妈替你选好了。"

男孩一看,那是"英语兴趣小组",他皱着眉说:"我不大喜欢这个兴趣小组,我想去参加航模小组。"

妈妈却毫无商量余地地说:"那些都没用,多学英语才有用,将来你可以出国。就这个了,妈妈替你打上钩,好了,去学习吧,别再为这事纠结了。"说完,妈妈拿起笔就自顾自地在英语兴趣小组前面打了个钩,根本容不得男孩多说。

☆ **家有好妈妈** ☆

妈妈接过表格认真地看着,边看边说:"你喜欢哪几个小组呢?"

男孩想了想说:"嗯,我比较喜欢航模小组,可是围棋小组、乒乓球小组我也觉得不错。"

"这样啊,"妈妈笑着说,"那你可得好好想想,到底选择哪个。妈妈的建议是,选择你最想去的那个小组,其他的兴趣你也可以自己在家发展一下。"

男孩这才肯定地说:"那就航模小组吧,既然妈妈都这么说了,我觉得您说的也对。"

案例分析

"坏"妈妈依然是好心,为了孩子的学习,为了让他能多学到一点东西,她也算是煞费苦心。可是,她这样做却剥夺了孩子选择的权利,而她给出的选项并不是孩子喜欢的那一项选择,那么这个兴趣小组最终可能变成了他的负担。

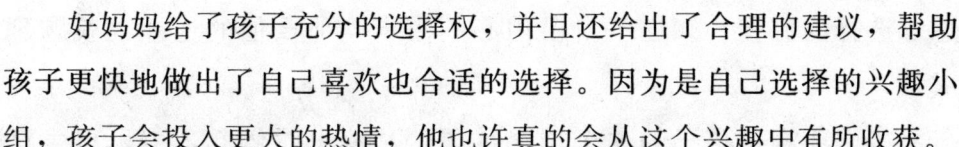

好妈妈给了孩子充分的选择权,并且还给出了合理的建议,帮助孩子更快地做出了自己喜欢也合适的选择。因为是自己选择的兴趣小组,孩子会投入更大的热情,他也许真的会从这个兴趣中有所收获。

很多孩子的选择可能是不合适、不合理的,甚至根本就是错误的,因为他可能只是源于好玩儿选择,或者只是自己看着顺眼而选择,却很少考虑其他事情。但这就是孩子,孩子会通过自己的种种不足、错误,来不断学会什么才是正确的,他会借由这些问题来让自己获得成长,直到最终,他将具备自立自强的性格,从而彻底学会该如何做出让自己满意且又能方便行事的选择。

而妈妈的选择虽然可以帮助孩子避免问题、错误,但却很容易让孩子形成依赖心理,他可能会彻底不再自己思考什么是好什么是坏,只是遵循妈妈的指导去做事。这样的结果对于孩子来说是悲哀的,不会做选择的孩子,性格将会变得优柔寡断,而且也不善于分析问题,遇事会更容易听从于他人,最终导致他变得毫无主见,而这个弱点也有可能被坏人利用。

因此,妈妈应该把自己的爱放在正确的地方,不要替孩子给出选择结果,而是教他学会正确地选择,把选择权交还给孩子,让他能有自立自强的机会。

教 育 建 议

建议一:满足孩子的选择欲望

孩子还是喜欢做选择的,比如,玩玩具,当遇到要玩这个还是玩那个的时候,他总是要自己思考一番。尽管很多时候,他会表现得犹豫不决,但这没关系,他总要经历这个犹豫的阶段,一旦他熟

悉了选择的流程，知道了自己内心的需求，那么他的选择也就顺理成章了。

妈妈要满足孩子的这个选择欲望，从他小时候起，就可以尝试着让他进行选择，比如，穿什么颜色的衣服，吃哪个口味的糖，等等。选择能力其实也是需要锻炼的，孩子会在一次次的选择过程中，逐渐掌握选择的要领，并最终学会满足自己。

建议二：不要诱导孩子做选择

同样是选择兴趣班，有一位妈妈是这样做的：

她对孩子说："你看，其他兴趣班都是玩，你其实有大把的时间玩，既然有能让你学习的兴趣班，何不多学一点东西呢？玩的时候有的是，你要是这会儿多学了，可就比别的孩子多掌握好多知识呢！妈妈的建议，你就选学习类的兴趣班吧。"

这位妈妈的确是在提出建议，但同时这也是一种诱导。妈妈在将孩子的关注点从他自己想要的东西上转移到妈妈希望孩子做出的选择上，其实也是不正确的。

既然是要让孩子进行选择，妈妈就不能提前为孩子分析太多选择项的优劣，尤其是不能刻意强调自己喜欢的选项，更不能用"如果你选这个，妈妈会很高兴，选其他的妈妈会觉得很遗憾"这样的话来威胁孩子。选择终究是要孩子自己去做的，妈妈不能干涉他的选择立场。

建议三：尊重孩子选择的结果

不管孩子选择了什么，这都是他自己考虑的结果，妈妈不能因为孩子选择的不是妈妈想要的结果就去责备他，更不能因为孩子的选择出了问题而嘲讽他，一定要尊重他的选择结果。如果他选择的真的是不好的那一项，想办法帮他有智慧地去应对这个不好的选

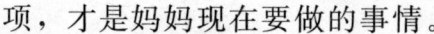

第四章 培养孩子成为自立自强的人

项,才是妈妈现在要做的事情。

同时,妈妈也要提醒孩子,他应该对自己的任何一个选择负责,不要因为事后发现选得不好而后悔甚至是放弃,既然已经选择了,那就要把选择进行到底。

建议四:教孩子学会做正确合理的选择

当然,孩子做出错误的选择还是会让妈妈觉得有些头疼的,这种心情是可以理解的。那么,为了避免孩子总是犯错误,妈妈可以教他一些基本的分辨是非的能力,也就是要教他学会做正确合理的选择。

妈妈可以就一次选择来为孩子分析每个选项的性质,这种分析应该是客观公正的,不要带有任何偏见,要把每个选项的好坏方面都分析出来。对于真的是错误的选项,妈妈要明确地提醒孩子,让他注意回避。当孩子逐渐具备分辨是非的能力之后,他再去做选择可能就不会出现很多低级错误了。

另外,妈妈也要提醒孩子,选择之前一定要好好考虑,尽量减少"一见钟情"式的选择,不要头脑一热就选了,与某项选择有关的事项都要好好考虑一下,以免被选项的表面所蒙蔽。

教 子 箴 言

自主选择是孩子自立的一个基本条件,妈妈生怕孩子会选择错误的选项而导致出问题的焦虑是可以理解的,不过最好还是将这样的心情转化为一种教育心情,要教孩子学会正确选择,学会选择正确的选项,这样妈妈就能省心许多。

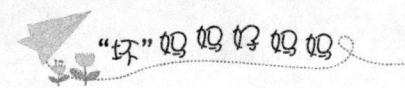

有意识地让孩子去吃点苦

让孩子吃点苦,其实是对孩子的一种锻炼,但是很多妈妈都有些舍不得,所以并不愿意让孩子吃苦。可孩子总是要长大的,如果一点苦都不吃,那么未来当他遇到真正的苦时,就会不知道怎么应对。所以,妈妈还是要"狠一狠心",最好能有意识地让孩子去吃点苦。

家教现场

放暑假前,学校准备组织为期10天的暑期夏令营,带学生们去乡村体验与城市不一样的生活,但是在那里学生需要自己打理自己的生活,老师只管指导。这个夏令营不强制,学生们可以自愿报名参加。

有个11岁的女孩也很想去,她的几个好朋友都报名了,她不想被落下。

女孩回家后把夏令营的介绍拿给妈妈看,并告诉妈妈:"我也想去。"

妈妈拿着夏令营的介绍看了起来。

☆ 家有"坏"妈妈 ☆

看完之后,妈妈摇了摇头:"去了都没人给洗衣服,我看连做饭都要自己找食材,你哪会呀?再说了,那边也没有空调,没有饮料,你去不是遭罪吗?妈妈也觉得心疼啊!这样吧,你要是想出去玩,妈妈和爸爸商量一下,攒上几天假期我们去海边怎么样?这个夏令营,还是别去了,我不会同意的。"

女孩争取了几次,但妈妈却不肯松口,最终她只得无奈地通知朋友们,自己去不了了。

☆ **家有好妈妈** ☆

"哦?需要自己照顾自己呀,"妈妈笑着说,"不错啊,我觉得你可以去试试。平时总在家里吃香的喝辣的,能自己锻炼一下这可是个好机会。"

女孩既兴奋又担忧地说:"听您这么说我就放心了,不过我也有点担心啊,自己在外面从来没照顾过自己。"

妈妈笑笑:"没关系,多练练就熟了,跟老师好好学学,自己也体会一下。妈妈相信你去这一次,回来之后一定会有很多收获!"

得到了妈妈的允许,女孩高兴极了!

案例分析

"坏"妈妈不愿意让孩子吃苦,她的理由看上去是很充分,家里有优越的条件,已经习惯了这个优越条件的孩子,一下子去那么苦的地方似乎是不大适应。所以,她用一个"心疼"就拒绝了孩子想要吃苦的心。而她觉得孩子就是想去玩,给孩子提供的依然是优越的条件去玩。有了这样的思想,这个孩子以后可能就会越发不愿意吃苦。

好妈妈则相反,很支持孩子去吃苦,并且相信孩子可以通过吃苦来获得收获。有了妈妈的支持,孩子也会更愿意直面吃苦。就如妈妈所说,通过这一次的自己照顾自己的夏令营,孩子一定会在自

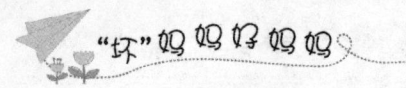

立方面有很多收获。

其实要说起来,"坏"妈妈那种想法也并不能说错。现代社会发展迅速,大部分家庭的生活都已经脱离了吃苦的行列。况且,哪位妈妈不把自己的孩子当成宝呢?不让孩子过好生活却偏让他吃各种苦,单从情感上来说,妈妈可能就觉得过不去。

但是,蜜罐里长大的孩子肯定会出问题,因为从来不吃苦,一旦真的遇到了苦,那么他将完全不知道该如何应对。不能吃苦的孩子,哪怕是一点点苦也会叫苦连天,在别人看来很容易做的事情,在他那里可能就比登天还难。试想,如果连眼前一点小苦都过不去,那就更别提继续往前走了,而且后面还可能有更大的苦等着他。

所以,妈妈最开始就该狠狠心,有意识地让孩子吃点苦,就好像给孩子打了预防针,让他对苦能有足够的抵抗力。这样当他以后不管再吃什么苦,就都不会退缩了。

教 育 建 议

建议一:不给孩子太过于享受的生活

随着时代的发展,人们的生活会越来越好。很多妈妈都不让孩子受自己小时候的苦,都想要给孩子最好的生活。有时候,妈妈自己甚至都享受不到,却会毫不吝啬地让孩子去享受。

其实这是不正确的,不管给孩子多么好的生活,他都能很心安理得地接受;可反过来,让过惯了好生活的孩子去体会吃苦,那就不那么容易了。所以,从一开始,我们就不要给孩子创造太过于享受的生活,只要提供基本的生活保障就可以了,偶尔可以来一次享

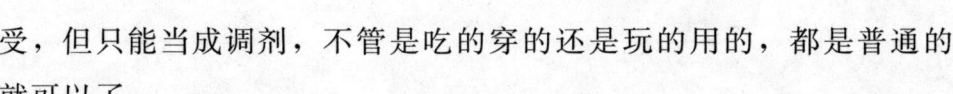

受,但只能当成调剂,不管是吃的穿的还是玩的用的,都是普通的就可以了。

当然,妈妈也要和孩子一样吃苦,不能说只让孩子过着普通的生活,妈妈自己却享受着奢华,孩子也会觉得不公平。

建议二:让孩子在家就能养成吃苦的习惯

有的妈妈认为,让孩子吃苦就得把他送到什么艰苦的地方去,只有这样他才能体验到苦。其实没那个必要,孩子在家也一样能养成吃苦的习惯。

比如,自己整理房间、洗衣服、自己做饭,自己解决生活中遇到的各种问题,等等。这些其实都是锻炼吃苦能力的方法,妈妈要有意识地放手让孩子自己去做这些事情。久而久之,孩子就能习惯自己打理生活,以后不管到哪他就都能轻松应对了。

当然,参加一次两次的吃苦夏令营也不是什么坏事,不过不要把参加那个当成吃苦的主要训练,可以让孩子在家锻炼一段时间之后,去参加夏令营检验一下训练结果,哪里有不足可以及时发现,以后再改进。

建议三:教孩子学会苦中作乐

孩子可能会因为吃苦而感到很不舒服。这时,妈妈要教他学会苦中作乐。比如,妈妈可以教他快乐劳动方法,一边干活儿一边唱歌,或者和妈妈聊聊天,这样多么麻烦不好做的事情就都不成问题了;还比如,妈妈也可以告诉孩子吃苦的意义,让他看到自己吃苦之后能获得的东西,这也会让他觉得自己的吃苦不是在浪费时间,等等。总之,妈妈要让孩子觉得吃苦是人生必须的经历,让他不会因为感觉苦而轻易放弃。

教子箴言

吃苦说起来简单,但做起来有些困难,妈妈要找对正确的教育方法,才能引导孩子不畏惧吃苦,并能让他心甘情愿地吃苦。妈妈自己心中要有数,要看得远一些,多为孩子的未来着想,这样再让孩子吃苦的时候,妈妈就不会觉得心有不舍了。

教孩子学会大胆地与人交往

人是社会性动物,所以每个人都不可避免地要与他人交往,而只有通过与人交往,人才能完成更多的事情。交往能力是需要从孩子小时候就开始培养的,要让孩子不害羞,能大方地和众人相处,而能够具备这种交往能力,也是孩子自立自强的一种体现。

❖ 家教现场 ❖

新学期伊始,第一天上小学的孩子放学后却显得闷闷不乐,来接他的妈妈好奇地问道:"第一天上学怎么就看着不那么高兴呢?"

孩子沮丧地说:"我想和大家交朋友,但我们谁也不认识谁,也不知道和他们说什么。"

☆ 家有"坏"妈妈 ☆

妈妈安慰道:"没事,不交朋友也没事,专心学习才是正事。

第四章 培养孩子成为自立自强的人

没准儿他们都是这么想的,所以才互相不理呢。"

孩子将信将疑:"是真的吗?"

妈妈点头:"别想了,等你好好学习后有了好成绩,他们一准儿都来找你做朋友。"

☆ **家有好妈妈** ☆

妈妈听了笑笑说:"嗯……第一天没交到朋友是挺郁闷的。不过,你不是会讲好多小故事吗?明天去了试着给大家讲讲看,有人愿意听也感兴趣的话,你们一交流,可能就会成为好朋友了。"

孩子眼前一亮:"对呀!妈妈,我怎么没想到!"

妈妈鼓励道:"想想自己还会什么,明天去了和大家聊聊,妈妈相信你一定能找到好朋友的。哦,对了,可别害羞哦,大大方方地去和其他小朋友聊天就好了,妈妈支持你!"

● ● ● ● 案例分析 ● ● ● ●

"坏"妈妈对孩子是不是能与人交往并没有太在意,她只关心孩子的学习,并且将成绩看成交往的唯一条件或者说唯一的择友标准。这样的态度会让孩子对交往产生一种无所谓的心理,原本他就因为不敢和人说话而不能顺利交往,在妈妈这样的"鼓励"下,他可能更会有借口拒绝与人交往了。

好妈妈很能体会孩子的心情,同时也给出了该如何与人交往的良好建议,提到了孩子自己都没想起来的优势,这显然给了孩子与人交往的信心与动力,相信这个孩子一定会交到很多好朋友。

交往是每个人都应具备的一种能力,而孩童时期是培养交往能力的良好时机。孩子如果能有诸多志同道合的好朋友,那么他的生

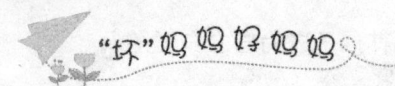

活就将充满快乐。而且，好朋友在一起还能彼此帮助进步，从而让孩子有更快的成长。更重要的是，与人交往打开了孩子的视野，会让他见识到更多的人和事，同时也学会更多的处理事情的能力和技巧。这显然对培养孩子自立自强的能力是至关重要的。

所以，妈妈可不要忽视交往这项技能，学习固然重要，但各种能力的培养也不能放松。为了让孩子将来能在众人之间游刃有余地行走处事，还是教孩子学会大胆地与人交往吧。

教育建议

建议一：教孩子充实自己以应对众人

《易·系辞上》中说："方以类聚，物以群分。"这句话指的是同类的东西通常会聚集在一起，这个意思放在人与人之间也是适用的。当孩子拥有良好的道德行为习惯时，他身边会聚集同样拥有良好道德行为习惯的朋友；当孩子有丰富的知识时，也会有知道得多的孩子和他互相交流；当孩子在某一方面有特长时，拥有同样特长的朋友自然会聚集过来。

所以，孩子若想要更好地与人交往，妈妈首先就要提醒他应该充实自己，多读圣贤书以巩固自己的道德基础，多掌握各种知识以丰富自己的学识，注意培养自己的喜好与专长以让自己能与朋友志同道合。

建议二：利用生活细节帮孩子学会交往

其实，教孩子学习交往并不需要太过复杂的过程，生活中只要多注意相关细节，孩子就能耳濡目染。比如，当妈妈和人见面时，要注意为孩子展示该如何彼此打招呼，如果有可能也要想着将孩子正式介绍给对方，这也是在让孩子看到该如何和人建立交往；还比如，家里来客人的时候，妈妈也要向孩子展示该如何与客人交谈，尤其是对第一次见面的客人，妈妈最好向孩子展示较为全面的待客之道。

而在平时，妈妈也可以借助电视中的交往场景，或者自己生活中的交往经历来和孩子进行讨论，帮助他在生活中慢慢地学会交往。

建议三：提醒孩子交往要注意的重要事项

交往时有很多要注意的事情，妈妈应该提前给孩子提个醒。比如，要心存善念，不要带着某种企图或者想要得到什么利益的心理去与人交往；还比如，要时刻保持微笑，要真诚而友善，微笑可以说是交往的一张最好用的名片，时常带着笑容，也更容易结交到好朋友，当自己付出真心时，才有可能换来他人的真心。

妈妈最好结合自己的亲身经历去提醒孩子，或者在孩子遇到交往方面的问题时及时提醒他，这都能帮孩子掌握更多的交往技巧。

建议四：引导孩子建立自己的朋友圈

交往的目的之一，就是建立一个属于自己的朋友圈，这个圈子中的朋友们彼此有相似或者相近的爱好，能聊得来，能互相帮助，能彼此提醒防止犯错。

孩子也要建立一个属于自己的朋友圈，妈妈则可以给他讲讲什么是朋友圈，告诉他只有保持真诚才能稳固朋友圈，同时也要提醒他要融入好的朋友圈，远离坏的朋友圈。

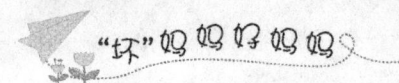

教子箴言

交往能力的培养不能急于一时,但妈妈最起码也要给孩子以鼓励,让他能有勇气去与他人结交。在这个过程中,妈妈再辅以各种交往技巧作为帮助,让孩子能更快地熟悉交往是怎么一回事,并逐渐能自己主动去与人交往。

让孩子做家务,培养劳动能力

劳动能力的培养,是教孩子自立自强的一个重要培养内容。因为孩子只有会劳动,知道该怎么动手做事,他在生活中才能做到更多的事情。会劳动的孩子一般都会有良好的自我生存的能力,也能很好地照顾自己,而这不正是妈妈培养孩子生存能力的一项基本内容吗?

◆ 家教现场 ◆

星期天,不用上学的孩子懒懒地歪在自己的床上看漫画书,听到外面妈妈忙碌的声音,他放下书走出了自己的房间。

只见妈妈正在边扫地,边整理桌子上的各种东西,孩子侧耳一听,卫生间里的洗衣机里也正转动着。看见孩子走出房间,妈妈说道:"有脏衣服要洗吗?拿出来,一会儿妈妈给你洗了。"

孩子却说道:"妈妈,要不我今天也做一回家务,自己把衣服洗了吧，或者我今天自己整理房间。"

☆ 家有"坏"妈妈 ☆

妈妈一听就使劲摇头："那怎么行？你又没干过，衣服洗不干净的话我还得重新洗，整理房间就更不用你了，让你整理还不越整越乱？算了吧，你还是看会儿书、学会儿习，要不就出去找别人玩一会儿，等估摸着我快忙完了你再回来。"

孩子抓了抓头发："可是我真的想试试。"

妈妈这回头也不抬地说："你要是真的闲，多学习一会儿也好，快别给我添乱了！"

☆ 家有好妈妈 ☆

妈妈很自然地回答道："好呀，愿意做家务可是个好现象，这样吧，你先洗衣服，一会儿看妈妈怎么整理大房间的，然后你再去整理自己的房间怎么样？"

孩子很兴奋，连忙跑回屋子抱出衣服来，在妈妈的指导下准备好洗衣盆、洗衣粉，接着就揉搓起来。虽然动作不那么熟练，但态度却很认真，反复洗了几遍之后，得到了妈妈的肯定。接着，孩子又跟着妈妈学习如何整理房间，虽然第一次整理显得不那么利索，但妈妈却鼓励道："以后多练习，你也能像妈妈一样整理得又快又好。"

案例分析

"坏"妈妈只顾着自己埋头苦干，看着着实辛苦，而且依照她的心理，孩子总是做不好事的，所以她不得不包揽所有的家务，对于她自己来说，她会非常劳累，而于孩子来说，一个大好的学习和锻炼的机会就这样被拒绝了。

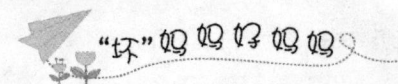

好妈妈显然更注意孩子的能力培养,她很自然地为孩子分配工作,并且还加入了自己的指导与肯定,孩子愉快地学会了做家务,而且相信他也已经喜欢上了帮助妈妈做家务的感觉。

孩子的生活中并不是只有学习和玩耍,他也应该学习并掌握劳动这种能力,而做家务事则是培养劳动能力最简单、也最直接的一种方法。

可是,有的妈妈却并不愿意对孩子进行这样的培养,她们要么认为孩子太小,做家务也让人不放心,等长大以后再说;要么是觉得孩子目前还是以知识类学习为重,就算是有课外活动,也应该多发展一些特长兴趣,时间不能被浪费在家务劳动之上;还有的妈妈则觉得孩子做家务一般都不那么"靠谱",不是扫不干净就是洗不干净,到头来妈妈还要费二次事,那还不如不让他做。

这种种的想法都只是妈妈的自我感觉罢了,孩子有极强的学习能力,只要妈妈愿意教,肯放手让他去做,他总能给妈妈惊喜。更何况,孩子若想要成为一个自立自强的人,会劳动可是基本条件。

所以,妈妈也该转变一下想法,试着让孩子接触家务,给他锻炼的机会,让他也逐渐成为劳动的好手。

教 育 建 议

建议一:告诉孩子家务是怎么一回事

家务是一个很笼统的说法,在教孩子做家务之前,先要让他知道家务到底是怎么一回事。妈妈可以选择自己做家务的时候给孩子进行讲解,告诉他家务都包括哪些事,做这些事的意义又是什么,让孩子能理解做家务对他个人以及对家庭的重要性。对于较小的孩子,不要讲得太深奥,而对于较大一些的孩子,就可以更偏重为他展示家务劳动都是怎么做的。

对家务了解得越透彻,孩子劳动起来就越能明白自己为什么要这样做,这也会激发他想要参加劳动的热情。

另外一点很重要,妈妈一定要告诉孩子,那就是家务是全家人的事,每个家庭成员都应该负担一部分家务劳动,这也算是每位家庭成员的责任。

建议二:不要拒绝孩子对劳动的模仿

其实孩子第一次做家务可能并不是妈妈吩咐的,看见妈妈的一举一动,他都会跟在后面去模仿,也就是说孩子最初都会模仿妈妈做家务的动作。比如,妈妈扫完地,孩子也许就会拿着小扫帚跟在后面也像模像样地扫两下。

对于这样的模仿,有的妈妈觉得孩子很碍事,会说"一边玩去"。建议妈妈不要这样做,而是肯定他的模仿,并且将正确的做法再一次表现给他,并给他讲讲自己在做什么,这样做有什么用。这种模仿其实就是孩子主动劳动的开始。

建议三:在适当的时候给孩子分配力所能及的家务

知道了家务是怎么一回事,学会了妈妈做家务的基本动作要领,孩子可能就想要实干了,此时妈妈可以根据孩子的年龄和能力特点,为他布置一些他力所能及的家务。

给孩子安排的家务,不能耽误他的学习,不能超过他的能力范围,尤其是不要让他将做家务当成是一种游戏。所以,妈妈对于家务事的分配要慎重,可以从一些小事开始分配起,然后逐渐再过渡到一些固定的家务工作。

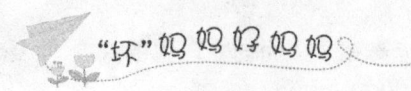

建议四：多细心提醒指导，少插手干预

孩子最初做家务时，如果他还不那么熟练，妈妈可以在一旁提醒，一些细节也要让他多加注意。如果孩子做得尚好，妈妈还要予以表扬。而如果孩子已经能做得有模有样的时候，妈妈就应该给孩子以充分的信任，要相信他肯定能做好。关于要注意的事情，妈妈可以提前告诉孩子，或者在自己做类似家务的时候提醒孩子注意一下，这种委婉的方式不会让孩子因为总被说做得不好而丧失做家务的乐趣。

建议五：把做家务的快乐感传递给孩子

很多家庭中可能都会出现这样一种情况：妈妈一边做着家务，一边很没好气地一个劲儿唠叨"我累死了，还得给你们干这么多活，你都长大了，还不自己做点家务"。

妈妈的心愿是好的，希望孩子能自己主动去做家务。但是，当孩子看到妈妈抱怨着做家务时，他内心对家务的感觉便会是"那是个又累又让人不高兴的事情"，有了这样的认知，他当然不愿意去做，甚至会下意识地躲开。

所以，若想让孩子心甘情愿地、快乐地去做家务，妈妈也该转换一下自己对家务的认识。可以想想，那么大一个家，通过自己的辛勤劳动就能变得干净漂亮，这是多么了不起的一件事，自己的辛苦付出是值得的。当妈妈能快乐地做家务时，孩子会受到妈妈的感染，他也会想要体验一下这么快乐的事情，当然也就乐于自己主动去动手了。

教子箴言

做家务是培养劳动能力的一个不错的方式，毕竟现在的孩子所能接触到的劳动大部分都是在家里实现的。妈妈应该以培养孩子的自理自立能力为根本原则，要放手让孩子去做他能做的各种家务，培养他的动手能力，让他也逐渐熟悉生活中的这些看似不起眼的细节，从而增强他的自理生活能力。

教孩子掌握保护自己的本领

自立自强的孩子除了要学会好好地照顾自己的生活之外，还要掌握一项本领，那就是要保护好自己。妈妈需要教孩子学习保护自己的本领，让他能时刻注意到自己的健康、安全，以免因为这些问题而让他陷入有心无力的境地。

······❧ 家教现场 ❧······

夏天到了，许多小朋友都很喜欢游泳，他们在爸爸妈妈的带领下，要么去游泳馆，要么去海边浴场，既能消暑纳凉，还能锻炼身体。8岁的男孩也非常想要去游泳，便央求妈妈也带着自己去海滨浴场游泳。

☆ 家有"坏"妈妈 ☆

妈妈却立刻拒绝了："那怎么行？你没看电视上讲的，夏天出

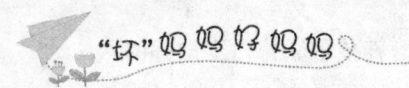

事的都是游泳的孩子。再说了，游泳的人太多了！被这个踩，被那个踹的，太不安全了！不能去！"

"可是……"男孩还想争取一下，"我还是想去。"

"我说不行就不行！"妈妈说完就不再理会男孩了。

☆ 家有好妈妈 ☆

妈妈则说："好啊，我们也可以去凉快一下。不过，去之前妈妈可要考考你，还记得游泳都有哪些注意事项吗？"

"记得记得！"男孩赶紧说道，"把衣服都锁好，贵重物品要放好；下水之前一定要做好准备运动，把身体活动开；不去人太密集的地方，不去水深的地方……"

妈妈一边听一边点头，待男孩说完了，妈妈才说："嗯，不错，一定要记住啊！即便去玩，我们也要保护好自己。好了，去准备游泳用具吧！"

男孩高兴地大叫一声，忙着准备去了。

案例分析

"坏"妈妈的拒绝也是有一定道理的，她说的那些问题也的确真实存在。但因为这些理由就让孩子躲开他想要做的事情，这并不是保证安全的方法。毕竟生活中充满各种可能，躲避永远都不能让孩子安全，反倒有可能让他变得越来越怕事。

好妈妈明显抓住了问题的重点，她直接提示孩子要记住各种安全要点，这就是在提醒孩子即便是去玩也不能随心所欲，而是要时刻注意安全。

显然好妈妈的做法让两个人都满意，妈妈提醒了孩子要注意安全，孩子也记住了；而孩子的愿望得到了满足，同时也感受到了妈妈对他的关心与爱护。

在孩子的安全方面，妈妈所投入的担心要多得多，生怕孩子的健康受到威胁，更怕孩子的人身安全无法保证。不过，妈妈总不能成为孩子的终身保护罩，孩子总要自己走出去，自己做各种事，妈妈并不能时常陪伴。而且，孩子会不断成长，而妈妈则相对地会不断变老，能力也会渐渐变弱，总有保护不了孩子的一天。

更重要的是，如果孩子不会保护自己，他就相当于被丢进狼群的羊，每一步都会走得很艰难，稍有不慎就会被各种危险打败。

所以，妈妈该做的事情，绝对不是帮孩子搭建保护罩，而是要教给孩子更加有用的自我保护的本领，让他不管什么时候都能护得住自己的安全。

教育建议

建议一：把生活中的安全细节告诉孩子

教孩子保护自己，首先就要教他注意生活中的安全细节。比如，要注意家中的各种尖锐的角，不要被撞到；注意卫生间里光滑的地面，小心不要滑倒；注意家中所有的插座、插头，尤其是不要湿手去碰触，以免触电；注意各种卫生清洗剂，不要弄进眼睛甚至是误服，等等。

这些细节可以在用到的时候、遇到的时候给孩子说一说。可以多说几遍，每次遇到都提醒一下，直到孩子自己能记住，或者当他看到的时候也能主动说出来时，他就已经能基本记住了。

有的妈妈认为，把那些可能造成危险的东西藏起来就好了，家

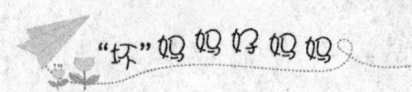

里也可以改造一下，以保证孩子的安全。但是，孩子不会总在家里的，外面不可能有和家里一样的安全环境，所以不要怕麻烦，还是将这些东西都告诉他的好。

除了这样的危险，妈妈还要提醒孩子注意保暖，注意防暑，注意不随便吃不卫生的东西，勤加锻炼等，以此来保证孩子的身体健康。

建议二：教给孩子安全逃生的知识

除了家庭中安全的小细节，孩子还有可能遇到更大的危险。比如，火灾、洪水、暴雨、地震等。这些灾难一般都是突然而来的，虽然当时可能会有救援人员来帮助，但孩子还是应该掌握一些必要的自救知识，以增加自己的生存几率。

所以，妈妈可以找一些介绍安全逃生的知识好好给孩子讲一讲，把遇到这些危险时具体该怎么做都告诉孩子，如果有可能还可以跟孩子在家里进行安全演习，让他熟悉逃生的路径和办法。

建议三：帮孩子建立起警惕心

生活中的各种危险，除了天灾，还有人祸。社会上的各种不法分子总会被某些利益蒙蔽双眼，从而做出损人不利己的事情。尤其是有些坏人，专门以孩子为伤害对象，那么，妈妈对孩子的安全教育中就一定不能少了警惕心的教育。

提醒孩子注意提防陌生人，不轻易和陌生人说话；要记得守口如瓶，不随便把自己家中的任何情况透露给外人；不接受陌生人给的任何食物、饮料或者玩具；如果遇到有坏人跟踪，就要赶紧跑到人多的地方；不走偏僻的小路，天黑不一个人独自行走，晚上不走没有路灯的路，不去人烟稀少的地方；无论是男孩还是女孩，游泳衣遮盖的地方，一定不要让别人触摸；女孩不要跟男性老师、男性

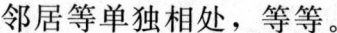

第四章 培养孩子成为自立自强的人

邻居等单独相处，等等。

关于这些内容，妈妈应该反复强调，尤其是对年龄较小一些的孩子，虽然妈妈应该经常陪伴在他的身边，但总会有例外情况出现，所以妈妈一定要防患于未然。

建议四：提醒孩子不管怎样都要以安全为先

很多危险发生时，往往都是很大范围的破坏。比如地震，极大的破坏力经常是将很大一片区域夷为平地。所以妈妈要提醒孩子，当危险来临时，一定要以个人自身健康和安全为首要前提，至于家里的其他东西，不管多么贵重，也比不上自己的人身安全重要，所以除了保护好自己之外，其他一切物品都可以舍弃。另外，在遇到坏人时，孩子也要以自己的人身安全为优先考虑。

教 子 箴 言

自我保护能力是孩子自立自强的一个最强有力的安全防护系统，妈妈应该重视关于安全的教育，要让孩子成为"文武双全"的人，"文"能做学问、学技能，"武"则能灵活处理各种危险，善于躲避可能发生的任何灾难。只有先保证自身的安全，孩子才有做事的可能，进而才会有成功的可能。

第五章
给孩子一个健全的人格
——好的人格造就好的孩子

拥有健全人格的孩子，不论是做人还是处事都会表现得合情合理，也能为众人所认可。妈妈需要在这方面的教育上多费些心思，因为人格是摸不到看不见的，妈妈只有给予了正确的教育，才有可能帮孩子铸就健全的人格。

孩子是独立的个体，需要平等

很多妈妈并不那么明确孩子的身份，总认为他是依附在妈妈身上的一部分，没有独立性。在这样的心理作用下，妈妈所给予孩子的大都是一种不那么平等的待遇，妈妈会显得更强势一些，而孩子在这样的教育之下，也逐渐变成了家里真正的"附属"——毫无自我可言。

趁着打折季，妈妈在网上浏览着购物网站，准备给家里人买几件物美价廉的衣服。妈妈选中了几款衣服，叫来了9岁的女儿让她看。女儿只看了一眼就说："妈妈，我不喜欢这几件衣服，颜色不好看，别买这几件行吗？"

☆ 家有"坏"妈妈 ☆

妈妈却眼睛一瞪说："你个小孩子懂什么？你的衣服不都是我买的？你自己又不会买，好好听我安排就行。这衣服的颜色是经典色，可以穿好久的，等买回来一穿你就喜欢了。"

女儿撅着嘴说："我真的不喜欢！"

妈妈干脆不理会女儿了，直接在网上下了订单。

☆ 家有好妈妈 ☆

妈妈反问道："是吗？你觉得不好看吗？"

女儿点点头："是的，我比较喜欢鲜艳一些的色彩。"

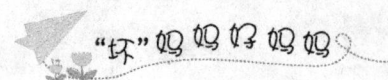

"哦,那这样吧,"妈妈调出了衣服的主页面,说道,"你自己来选择,妈妈给你参谋。"

女儿高兴地和妈妈坐在一起,一张一张图片看了起来。

案例分析

同样是在买衣服,"坏"妈妈买来的衣服让孩子觉得是被强加的,孩子不喜欢不说,还没有自己选择的权利,更重要的是,妈妈根本也没有将她看成是需要平等对待的独立个体,只让她听从于自己,这还真是不平等的家庭。

而好妈妈没有擅自决定,而是让孩子自己去选择,她给予了孩子充分的信任,把她看成了一个与自己平等的人。这种选择的权利,也有助于培养孩子独立的个性。

每个孩子都有自己的想法,有自己的感觉,有自己的情感,而他所拥有的这些也都需要获得他人的尊重,尤其是妈妈的尊重。不过,有的妈妈却做不到尊重,她总是用不平等的眼光来看待孩子,她看不到孩子的成长,总认为他是无助的,是需要有人来扶持的,尤其是需要妈妈的帮助。有了这种心理,妈妈可能就会无视孩子的各种需要,而孩子的所有事情也就都可能由妈妈来替他操持了。

这对孩子自然是不公平的,如果不能被当成独立的个体,孩子的成长就会变得缓慢甚至是停滞,即便他的身体成长了,但他的内心却有可能会因为这种不平等而变得具有强烈的依赖性,这并不利于他自身人格的发展,他也因此更难以走向成功。

因此,妈妈应该尊重孩子的独立性,摒弃居高临下的俯视态度,选择和孩子平视交流。当妈妈能和孩子平等交流时,孩子独立性的培养也就顺理成章、水到渠成了。

教育建议

建议一：尊重孩子的独立性

孩子从出生开始就是一个独立的个体了，不要因为孩子小就觉得他的感受和想法是不重要的，妈妈如果想要对孩子做些什么，一定要问问他的意见，听听他的感想。尤其是当他觉得不合适而提出了自己的意见时，妈妈最好要听进去，不能一点不顾及。

妈妈对孩子独立性的尊重，会让孩子自己也逐渐意识到自己是独立的，这对以后培养他的自立自强会有很大帮助。

建议二：要在态度上平等，而不是身份上

提及"平等"，不少妈妈的理解比较简单，认为只要不用自己的身份压制孩子，妈妈干什么他也能干什么就行。结果，在很多家庭中，孩子和妈妈互称名姓，或者孩子与妈妈没大没小，这样的平等也是错误的。

平等指的是妈妈对待孩子的态度，要尊重他，给他表达自我的机会，但绝对不是指身份上的平等。妈妈到底还是长辈，家里该有的长幼有序绝对不能丢，作为小辈，孩子依然要对妈妈尊敬有加。

建议三：不要对孩子彻底放手不管

可能在孩子小的时候，妈妈会多关注他一些，会不放心他的独立。当孩子稍大一些，能自己做自己的事情了，妈妈可能就会真的让他自己独立，甚至彻底放手不管。

这其实也是不对的，再怎么独立，他也还是涉世未深的孩子，

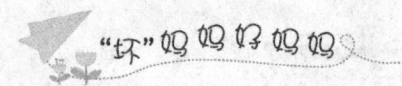

就算他会处理自己的事情,他也还是会出问题。所以,妈妈并不能完全不管孩子,该有的指导不能少,如果孩子觉得有疑惑,妈妈也要及时解答,并且还要在孩子感到为难时给予足够的帮助。

建议四:把孩子当成家里的另一个重要的成员

如果把握不好平等的程度,妈妈可以采取这样一种方法,那就是把孩子当成家里的另一个重要的成员。比如,家里有什么事要讨论的时候,如果妈妈、爸爸都能发言,那么孩子也可以,妈妈怎么对待爸爸的建议,也最好用同样的态度对待孩子的建议。

不过,这种平等要注意身份问题,妈妈也不要将孩子的身份抬得太高,以免他飘飘然而乱了家里的长幼秩序。

教子箴言

每个孩子都必须要独立,所以妈妈就应该以对待一个完整的人的态度,去平等对待他。当孩子能感受到平等时,他的独立性会发展得更好,不管是思考能力还是处事能力,都会有很好的发展。

要尊重孩子的各种权利

每个人生来都能享受各种权利,即便是年岁不大的孩子,他的各项权利也应该受到妈妈的尊重。尤其是在家庭之中,妈妈对孩子的权利是否尊重,将决定孩子是不是能具备健全的人格。否则,如果妈妈剥夺了孩子的权利,他的个性可能就会变得压抑,甚至出现缺陷。

第五章 给孩子一个健全的人格

家教现场

孩子放学回家后，很神秘地关上了房门，过了好一会儿才从房间里出来，脸上有些不自然。妈妈很好奇，便问道："在屋子里干什么呢？"

孩子连忙摇摇头："没干什么呀。"

妈妈仔细观察了一下孩子，发现他眼睛瞟来瞟去，一看就是在说谎。

☆ 家有"坏"妈妈 ☆

第二天，妈妈趁着孩子上学时进了他的房间，在他的抽屉里一阵翻找，找到了孩子藏起来的一张试卷，卷子上的分数打着"58"，妈妈一下子生气了。

等到孩子放学回家，妈妈把卷子摔在了孩子面前，质问他这是怎么一回事。孩子却立刻着急了："您怎么能随便翻我的东西呢？那都是我的隐私！"

"隐私？"妈妈更生气了，"要不是我去翻，都不知道你学习这么差了。还隐私，就是整天想着这些东西，这学习才变差的吧！"

☆ 家有好妈妈 ☆

妈妈却笑着点点头："哦，那洗洗手吃饭吧。"从此再也没提过这件事。

过了几天，孩子自己拿着一张试卷蹭到了妈妈面前，很不好意思地说："妈妈……我上次骗了您，其实，我是在房间里藏起了这张试卷。因为考得不好，所以不想让您看到。"

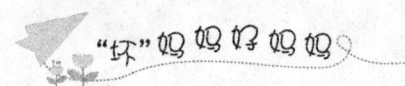
"坏"妈妈好妈妈

妈妈接过试卷看了一眼，很平静地说："嗯，你能主动告诉我，这很好，愿意跟妈妈说说这成绩是怎么回事吗？"

孩子犹豫了好久，才点头说道："其实，我最近有点分心了……"

孩子一直说，妈妈一直听，没有打断，没有批评，孩子的内心得到了充分的释放。

案例分析

"坏"妈妈无视了孩子的隐私权、话语权、辩驳权，她只认为自己是在关心孩子，可这相当于孩子的内心被人撞破，他也会感到委屈，感到伤心，再加上妈妈还妄自猜测他的想法，这更会让孩子觉得不舒服。

好妈妈也好奇孩子的所作所为，不然不会询问，但她却没有过分干涉孩子，不管是他的隐私，还是他的解释，妈妈都给予了足够的尊重，难怪孩子最终愿意将自己的心事都讲给妈妈听。孩子在妈妈这里找到了情绪发泄的出口，他也就不会被那些不好的情绪所困扰，这显然是有利于他健康人格的培养的。

这样两相对比来看，虽然同样是关心，明显尊重孩子的各种权利，才会让这种关心显得更温暖。

提到孩子的权利，更多的妈妈内心也许都在想："孩子的所有事都需要父母操心，他的权利也不会起到太大的作用。"没错，孩子现在的确年龄不大，可该有的权利他却一样都不能少。

孩子不是父母的附属品，而是家庭中的一个重要成员，妈妈可以想想自己都有哪些权利，如果自己的这些权利被人无视会有什么感觉，那么孩子也会有同样的感觉。别觉得孩子年龄小什么都不懂，他的很多反抗其实就是在争取自己的权利。比如，孩子对"坏"妈妈反驳说"我的隐私"，这就是他在维护自己的隐私权。所以，妈妈应该对孩子的权利给以最起码的尊重。

教育建议

建议一：引导孩子意识到自己的权利

孩子最初就是一张白纸，如果妈妈不说，他绝对意识不到自己其实还有很多的权利。妈妈可不要觉得这是控制孩子的好机会，告诉孩子他有权利，并且引导他意识到自己的权利，这也是妈妈义不容辞的任务。

在孩子幼年时期，他的权利意识是处于萌芽状态的，此时妈妈可以在某些事情发生时提醒孩子注意到他的权利，告诉他"这是你的权利"，让孩子知道"有些事情是我自己可以决定的"，"我也可以说出自己的意见"。有了妈妈不断的提醒，孩子就会意识到权利对自己的重要性，他也就会主动地去维护并捍卫自己的权利了。

建议二：孩子的权利无论大小都应该尊重

可能有的妈妈认为，孩子在家里的那些小权利不足挂齿，不就是偶尔不让他说话，偶尔看看他写的日记，偶尔拒绝他的选择什么的吗？一回两回的有什么？

别不在意这样的小事，这一次不让他说话，那么他就会认为自己说话是错误的，他的话语权在不知不觉中就被剥夺了。所以，孩子想要说话的时候，就允许他说；他有了隐私，妈妈也不要随便探听；他对自己的行为进行解释，那就给他解释的机会；如果他说

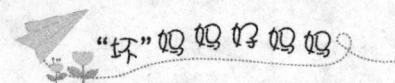

"这事我自己决定"，妈妈何不就此放手呢？不管权利的大小，只要是孩子的权利，妈妈都要慎重对待，要有尊重孩子权利的意识。

建议三：不要给孩子特权

虽说要尊重孩子的权利，但是妈妈要注意可别给了他特权，否则他会仰仗着特权而不知天高地厚了。比如，有的妈妈为了能听到孩子真实的内心，不只是让他能随便表达自己的意见，甚至对他的说话内容也不加限制，不管他是说正经话还是骂人，都能随便说，甚至就算骂父母都无所谓。类似这样的特权，妈妈可一定要禁止，孩子可以自由地表达，但骂人、不尊重父母这样的行为却是一定要被禁止的。

孩子的权利表现，应该有一个正常的限定，不能任其随意发展；也应该有一些前提条件，他应该在尊重父母、尊重他人，也就是应该在有良好的道德基础之上去表达自己的权利。

建议四：如果侵犯了孩子的权利，要记得道歉

妈妈也会犯错，不经意的一句话或者一个动作，可能就已经侵犯了孩子的权利。比如，妈妈好心帮孩子整理书桌，不小心碰掉了笔记本，翻开的笔记本刚好就是孩子的日记，妈妈几眼看过去可能就会发现孩子的小秘密。

如果已经如此了，妈妈要记得事后道歉，先不说妈妈看到了什么，只是要为自己这种无视孩子权利的行为道歉。对于自己看到的东西，可以暂时先不提，如果孩子愿意说，他自然会主动来找妈妈聊聊的。

教子箴言

作为一个独立的个体，孩子也拥有各种不容他人所忽视的权利，妈妈不能以自己长辈的身份去压制孩子，不要随便就侵犯他的权利，更不能剥夺他的权利。当孩子的权利能正确且正常地有所表现时，他的人格发展才能健全，否则任意一个权利被忽视甚至剥夺，他都可能会产生性格变化，进而影响他的心理健康。

给孩子创造一个成长的空间

有人把教育孩子形容成种树，其实是有一定道理的，树苗的成长需要足够的空间，这样它的根才扎得深，空气才会充足。孩子的成长更需要一个合理健康的空间，这样他才能得到全面成长，各方面的发展才会健全，并最终获得健全的人格。

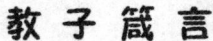

家教现场

小学毕业的这个暑假，因为没有作业，孩子很想痛痛快快地玩上两个月。

于是在临毕业前，孩子和妈妈谈起了这件事，并把自己的决定告诉了妈妈。

孩子最后说："我特别期待这个假期，妈妈，您就让我好好玩

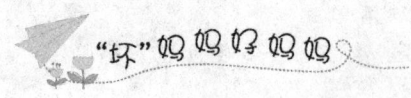

一玩吧。"

☆ **家有"坏"妈妈** ☆

妈妈却说："你准备就这么懒散地度过这么长时间的假期吗？真是太没自觉性了啊！两个月时间能学多少东西啊！你马上要上初中了，哪怕提前学一下初中的东西也好啊！怎么能光玩呢？再不行，就去报几个兴趣班，补补英语，学学数学，初中还有物理化学，你也接触一下……"

听了妈妈话，孩子原本兴奋的表情逐渐消失不见了。

☆ **家有好妈妈** ☆

妈妈思考了一下，然后笑着说："要是我有这么长的假期，我也想玩。不过我觉得啊，一开始你还会觉得玩着很有意思，可是时间长了，你就会觉得无聊了，因为玩得没有目的呀。如果你能玩得更精致一些就好了，比如，要不要学点什么？游泳啊，轮滑啊，下棋啊，或者考虑一下去哪里体验生活，磨炼一下自己，我觉得这都不错。"

"啊！"孩子被妈妈的话吸引住了，"对呀！我可得好好安排一下。"

案例分析

两个月的假期就这么单纯地玩过去当然不是个好的决定，可是"坏"妈妈给孩子布置的这个假期似乎更不好，她完全压抑了孩子的个性发展，只顾让他发展所谓的学习能力，这样孩子成长的自由就被限定了，即便他真的按照妈妈说的去上了兴趣班，也不一定能学到东西，因为他的心思很可能并不在学习上。

好妈妈给孩子的建议是个很棒的建议,虽然看似没有限定,但实际上妈妈却已经给了孩子一个合理的空间规划,让他感到快乐的同时也学到了东西,这才是正确的做法。

关于孩子的成长空间问题,有的妈妈并不那么了解,她可能觉得孩子有吃有喝还能学习,这样的空间就足够了。其实不然,孩子这个成长空间的构造也很复杂,需要妈妈投入更多更大的精力才能构建完成。

而且,这个成长空间也要让孩子感受到温暖、自由。他要在这个空间里过得愉快,好心情才有可能塑造出好的人格,他才会有一个比较正常的成长过程和健康的成长心理。

教育建议

建议一:给孩子一个宽松温馨的学习氛围

一个合格的成长空间,其必不可少的一点就是要有良好的学习氛围,因为只有学习才能让孩子获得成长。

这个学习氛围应该是宽松的,不要给孩子太大的压力,只要他愿意学,该学的东西他都能学会,所以妈妈要做的就是调动孩子学习的积极性,让他爱上学习。同时,引导孩子自己去订学习目标,而不是由妈妈帮他确立目标,孩子只有自己订立了目标,才会主动地去完成。

当然,这个学习氛围也应该温馨一些,不一定非要去看严肃的教学课本,也不一定非得听老师那么郑重其事地讲课,学习还有很多其他的方式,尤其是可以让孩子在快乐中学习,这会让他的学习变得更加轻松有趣。

建议二：多向孩子表达妈妈对他的关爱

成长空间是为孩子的成长设置的，但是这个空间不应该是冰冷无情的，相反，这里一定要充满爱，尤其是妈妈对孩子的关爱。在爱的滋润下，孩子的成长才会按部就班，而这份爱也才能为他的人格发展提供足够的滋养。

妈妈表达关爱的方式有很多，关心孩子的冷暖，关心他的内心想法，给他所需要的指点，在他需要的时候给予帮助，等等。妈妈要记住的是，不能把关爱变成溺爱，爱得恰到好处才好。

建议三：及时和孩子进行交流沟通

妈妈为孩子构建交流空间，不能只依靠自己的意愿，不能说自己想让孩子怎样他就要怎样。妈妈要及时和孩子进行交流沟通，以更快更准地察觉他的喜好，知晓他的兴趣爱好，为他构建他所喜欢的成长空间。

建议四：保证家庭中的民主和谐气氛

家庭中民主和谐的气氛，有利于孩子的成长，所以这种气氛也是在构建孩子成长空间时所不可或缺的。妈妈在家中要尊重孩子的独立性，允许他发表自己的看法，尤其是在家庭大事上，也要给孩子一定的发言权，并且不管他说了什么，妈妈都要冷静应对，不能嫌弃，不能不理会，这也是帮助孩子在思想方面成长的一种方式。

> **教子箴言**
>
> 孩子健全的人格往往都诞生在一个良好的成长空间之中,显然妈妈不能只靠着一腔热爱就让孩子成长,也不能总是给孩子布置各种各样的学习来催促他成长,孩子成长的空间是诸多因素的综合体,其中的许多细节都需要妈妈格外注意。只有真正良好的成长空间,才会给孩子充分成长的机会,而这也避免孩子出现人格缺陷的可能。

不拿自己的孩子跟别人的孩子做比较

在教育孩子的过程中,很多妈妈都会不自觉地就产生一种比较心理,将自己的孩子与别的孩子进行比较,然后在以后的教育中,就会催促孩子向比较对象去学习。妈妈希望通过这样的比较来激励孩子,但殊不知,这种比较却会对孩子造成深深的伤害。

家教现场

班里举行了一次临时小测验,孩子得了个中等的成绩,回家后,孩子很诚实地把这次考试的情况告诉了妈妈。

孩子说:"这次考试是临时的,好多同学都没有准备好。"

妈妈问道:"大家都是什么样的成绩呢?"

孩子回忆了一下说:"有两三个同学考得挺好的,大部分同学

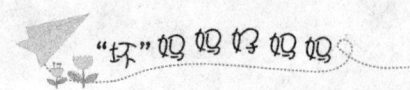

的成绩都和我差不多。"

☆ 家有"坏"妈妈 ☆

妈妈叹了口气说:"那两三个同学是不是平时学习就好?"

孩子点点头:"是的,他们是班里的前三名。"

"你看看人家。"妈妈继续叹道,"人家是怎么学的,你们都一个班一块学习,人家连临时考试都能考那么好,你什么时候才能达到人家那程度啊?"

听了这话,孩子忽然就没声音了,低着头有些不大高兴……

☆ 家有好妈妈 ☆

妈妈点了点头说:"哦,看来老师的突击考试还是挺奏效的啊!你找到自己的问题了吧?"

孩子也点头说:"我都是攒到最后期末考试前才复习的,现在老师一突击考,我就考不好了,看来这样学还是有问题的。"

妈妈回答道:"我觉得你可以去问问考得好的同学,看他们有什么好的学习方法,跟他们学习一下。没事,这次考试已经过去了,我相信下次你应该会有进步的。"

案例分析

孩子考了不算理想的成绩,在妈妈心里多少都会有些不那么舒服,不过,妈妈还是应该选择更好的表达。否则,像"坏"妈妈这样,表面看是在关心孩子的学习成绩,可实际上却是在将孩子与其他的孩子进行比较,本来就考得不算理想的孩子,这样一被比较,内心的自卑感和愧疚感就会增加,这也将成为他的压力,可能会对他以后的学习产生不利的影响。

好妈妈的做法显然更值得提倡,她将重点放在该如何提升自己孩子的成绩上,并给出了让孩子向好成绩的孩子学习的建议,孩子明显感到了妈妈的关心,同时也体会到了妈妈的良苦用心,相信他下次也会如妈妈所说有更大的进步。

比较,其实是一个很伤人的举动,每个孩子都有自己的个性特点,本来彼此之间是没有任何可比性的,但妈妈却总是要在某一件事上,在孩子们之间建立一个天平,然后强硬地将自己的孩子推到天平之上,再用其他的孩子来进行称量比对。

如果自己的孩子比别的孩子好一些,这倒还好说,妈妈会觉得很骄傲,但妈妈的这种骄傲也会影响孩子,因为有的妈妈会因此而给孩子更高的要求,结果孩子一样会背上压力。

而遗憾的是,更多的妈妈会发现自己的孩子与别的孩子有相当的差距,于是妈妈的失望、悲观情绪会传染给孩子,妈妈的数落、絮叨行为也会让孩子的心理压力激增,有的妈妈甚至因为自己的孩子不如人而对孩子训斥打骂,这无疑对孩子是一种严重的伤害,他的人格发展也许就会遇到越来越难跨越的障碍。

所以,妈妈还是将目光重新放回到自己孩子身上吧,别总是拿自己的孩子与别人的孩子相比较,多关心自己的孩子,才更有利于他的成长。

教 育 建 议

建议一:将孩子与他自己的过去做比较

孩子们彼此的发展速度有快有慢,有的孩子就是会成长得快一些,但有的则就会慢一些。这其实并不是什么大问题,所以妈妈不

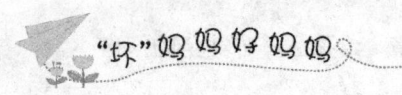

要非得拿自己孩子的慢速度与其他孩子的飞速相比较。与其那样，还不如将孩子与他自己的过去做比较。

毕竟，孩子总是有成长的，只要他在今天比昨天有了进步，妈妈就该为他的这种进步感到开心。也就是说，妈妈应该以孩子自己的成长速度为教育基础，让孩子按照自己的成长速度去发展，而不是非得与他人比较。

建议二：鼓励孩子向其他好孩子学习

虽然不能把孩子与其他孩子比较，但是遇到表现优秀的孩子，妈妈也不能视而不见，毕竟对方的优秀总是有原因的，如果他的优秀又恰好是孩子所欠缺的，那倒不如鼓励孩子向其他表现好的孩子学习，以取长补短，使他获得进步。

而妈妈在鼓励孩子向其他孩子学习时也要有技巧地表达，可以参考好妈妈的说法，但一定不要频繁夸奖对方，更不要贬低自己的孩子，只是多鼓励他去寻找对方的优点，让孩子有乐于去向对方学习的欲望。

建议三：要看得到孩子身上独有的闪光点

没有哪个孩子真的是一无是处的，孩子身上总会有各种各样的闪光点，妈妈要善于发现这些闪光点，而不要只是督促孩子非要去向别人学习他所没有的甚至是难以学会的优点。

当妈妈更多地关注孩子的优点时，孩子也会感受到妈妈的关爱，他也就不会因为自己在某些方面不如人而感到自卑了。显然，妈妈这样的关注有助于帮助孩子建立起足够的自信心，使他能更具有学习的动力。

教子箴言

教育应该是妈妈针对自己孩子的教育,而不是通过将孩子与他人比较来进行的教育。妈妈要将注意力更多地放在自己孩子身上,要想到别人再好也不是自己的孩子,更何况,哪个孩子没有缺点呢?不能因为别的孩子某一点比自己的孩子好,就因此而贬低自己的孩子。妈妈要相信孩子,由此也培养他的自信心,这样他才会主动学习,并有更多的改变。

务必培养孩子的孝心与感恩心

如果问教育中哪项内容最重要,那一定是孩子的德行培养,而在德行培养中,对孩子孝心和感恩心的培养则是重中之重。孝心和感恩心会促使孩子做父母所希望他做的事情,他也不会让父母操心,而他自己做事成功的几率也会更高一些,也会更容易拥有幸福人生。

家教现场

"母亲节"要到了,学校准备在"母亲节"所在的那个星期天,邀请每位学生的妈妈参加学校举行的"母亲节"活动。当然,活动是自愿去的,所以活动前两天,孩子拿回了活动参加报名表,来询问妈妈的意见。

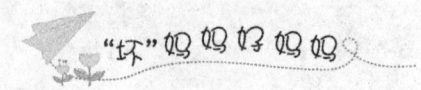

妈妈问道:"都有什么活动?"

孩子想了想说:"应该是朗诵诗歌、唱歌,好像还有一个给妈妈洗脚的活动。"

☆ 家有"坏"妈妈 ☆

妈妈一皱眉:"好好的星期天,要是能用来上个兴趣班,可以学好多东西呢!这一天只弄那么个活动,折腾下来得耽误多少工夫啊?还洗脚?我可不用你给洗脚,你什么时候给我考高分,我就高兴得不得了了。"

孩子也一皱眉,张了张嘴说:"可是……大家的妈妈都去的……"

"这不写着自愿吗?我不愿意去,你告诉老师说我有事去不了就行了。你们学校也是,不搞点学习类的活动,净瞎耽误工夫。"

☆ 家有好妈妈 ☆

妈妈欣慰地一笑:"学校真有心,这个活动意义非常好啊!"

孩子抓了抓头发说:"不过,要真做起来……我可能会觉得不好意思。"

"呵呵,"妈妈笑了,"学校举办这个活动,就是要培养你们的孝心和感恩心,这可是你人生中最重要的美德了,有什么不好意思的呢?孝敬父母才是好孩子呀!"

孩子点了点头:"我记住了,妈妈!那我也要在活动上好好表现了。"

妈妈摸了摸孩子的头:"嗯,我很期待!不过,妈妈希望你可不能只在活动上表现哦,生活中如果也好好表现,那爸爸妈妈,爷爷奶奶,姥姥姥爷都会非常开心的!"

孩子也笑了:"我明白!放心吧,妈妈!"

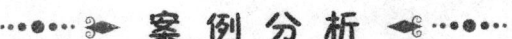

案例分析

"坏"妈妈忽略了孩子在道德方面的需求，只关注他的学习。但显然，不重视道德的教育，最终孩子的成绩也好不了多久，因为孩子连孝顺都做不到，他又怎么可能会在意妈妈对成绩的关注呢？而且，由于妈妈对孝心活动的这种态度，也会让孩子觉得，孝敬妈妈这样的事不重要，只要自己埋头学习就够了，他会变得越发没有孝心。

好妈妈意识到了学校举办这个活动的意义，而且她也及时表明了自己对孝心和感恩心的看法，这就能让孩子明白，原来类似这样的孝心活动是很有意义的，也是很有必要的。更重要的是，妈妈最终还提醒了孩子不能只是活动当天有所表现，以后也要有所表现，而这无形中也就促使孩子在头脑中形成培养自己孝心和感恩心的意识，以后他也会渐渐地将尽孝道当成自己的义务了。

孝心和感恩心，的确如好妈妈所说，是每个人人生中最重要的美德，孩子不是说只要学习好就"一好百好"了，学习成绩只能代表他在学习方面的确是有能力的，但却并不能证明他本身是一个道德高尚的人。但相反的，如果孩子拥有孝心、感恩心，那么他一定会成长为一个好人，而且他的各方面能力也应该不会差。这就是孝心和感恩心所能发挥的巨大作用。

所以，妈妈可不能忽略了这个重要的道德教育，孝心教育、感恩心教育理应成为所有教育的前提，孩子应该先有孝心，有感恩心，然后他的努力方向才不会偏向，他会更注重妈妈对他的希望，也会努力不让妈妈担忧生气，妈妈自然也不用担心他的学习。而且，孝心和感恩心是孩子建立健全人格的前提，那妈妈还等什么呢？

教育建议

建议一：从《弟子规》开始给孩子讲孝道

关于孝道的讲解，妈妈不能只告诉孩子"要孝敬父母，孝敬老人"，这样说太笼统了。而且，妈妈不要觉得孝道简单讲讲就算了，一定要重视孝道的教育。最好是找到《弟子规》这本启蒙教材，或者找到前面曾经提到过的《最彻底的家庭教育方法：〈弟子规〉里的教育智慧》这本书，里面对培养孝道有一个很详细的讲解，妈妈完全可以参照上面所说的去给孩子讲孝道，并且可以按照里面的讲解来教孩子学孝道。

建议二：生活中跟孩子多提与孝道有关的细节

除了书本上的那些孝道讲解，孩子在实际生活中的学习将能帮他更好地理解孝道。所以，生活中妈妈要多提醒孩子注意那些与孝道有关的细节。

比如，出门、进门都要跟父母和家里的老人打招呼；吃饭的时候要先等父母和老人入座后自己再坐，要注意照顾到父母和老人，不能只顾着自己埋头吃；和父母、老人讲话时要有礼貌，不随便忤逆，不没大没小，等等。

这些细节妈妈要经常提醒孩子注意，尤其是在他做错的时候，妈妈更要及时帮他纠正过来。另外，妈妈自己也要好好表现，尤其是家中几代同堂时，妈妈更要给孩子做孝道的表率。

建议三：告诉孩子为什么要感恩

除了孝道的教育，妈妈还要培养孩子具有感恩心，也就是说，孩子不能只是孝敬父母,孝敬自己的亲人,许多人、许多事也同样值得他感恩。

孩子一定会有疑问,不知道为什么要感恩,因为他一直的印象都是别人对他的疼爱,那么妈妈就要给他讲清楚关于感恩的事情,告诉他为什么要感恩,提醒他注意自己周围都有哪些人、哪些事是值得他去感恩的,引导他想想这些人和事对他都产生了哪些影响,从而让他意识到人只有心怀感恩心才能更好地去努力,去为他人服务。

建议四:提醒孩子,感恩不是单纯的物质回报

随着孩子的成长,关于感恩报恩的故事他也会越听越多,但是孩子简单的思维模式可能会让他误以为感恩就是得准备些什么东西甚至是钱财才能表达自己的感恩之心。还有的孩子会认为,只要送了东西就是感恩了,其他的表现就无所谓了。

送东西以表达感恩心的认知不能算错,但是妈妈也要提醒孩子,感恩可不是这么简单的事情。要认真地告诉孩子,感恩是一种发自内心的情感,可以用物质来回报,但最重要的是要有感恩的心,有了这样的心,孩子的行为就会变得不那么肆无忌惮,对于他人的帮助也就不会那么理所当然。

教子箴言

关于孝心和感恩心的教育,是对孩子教育中的重中之重,是根本性的教育。这个教育最好从孩子很小的时候就开始进行,越早开始,孩子的孝心和感恩心越容易培养。更重要的是,如果孩子从小就有孝心和感恩心,那他会更容易养成好习惯,其他表现也会更加令人满意。

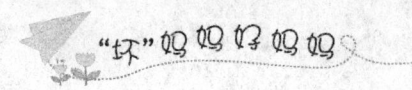

让孩子明白"人无信不立"

  诚信是每个人都应该具备的美德，人人都喜欢与有诚信的人打交道，言而无信的人最终都将没有立足之地。虽然年龄小，但孩子也一样需要讲诚信，这也是他健全人格的一部分。所以，妈妈应该尽早让孩子知道"人无信不立"，让他逐渐成长为一个讲诚信的人。

◆ 家教现场 ◆

  星期五下午放学回家后，孩子告诉妈妈，星期六休息的时候他约了班上的同学一起去书店。妈妈答应了，并提醒他要注意安全。
  可是，星期六一早起来，天气炎热无比。孩子看着外面晴空高照，懒洋洋地对妈妈说："我又不想去了，太热了。"
  妈妈说："不是和同学约好了吗？"
  孩子无所谓地摆摆手："等他来找我的时候跟他说一声就好了。"

  ☆ 家有"坏"妈妈 ☆
  听见孩子这样说，妈妈也无所谓地说："那就不去了，虽然很对不起你同学，不过这么热的天也的确不适合出门，回头热得中暑了，自己也难受。你那同学也应该灵活变通一下，这样吧，一会儿妈妈帮你说，省得他责怪你。"
  "真的？"孩子显然很高兴，"那谢谢妈妈啦！妈妈最好了！"

☆ **家有好妈妈** ☆

妈妈却说:"那可不行啊!你这样做就是没有诚信的表现,我记得是你约的同学吧?如果不是特殊原因,你说不去就不去了,这可就会让同学认为你不守信用的,他也许会生气,还会埋怨你哦。所以,天热可不是借口呀,既然和人家约好了,就要好好地赴约。做个守信的孩子,你的朋友们就会更乐意和你一起玩哦。"

"好吧。"孩子点点头说,"妈妈说的没错,我去换衣服了。"

案例分析

诚实守信是一种美德,但"坏"妈妈明显没在意这一点,当孩子直接表示要违约的时候,妈妈不仅没有劝阻,反倒鼓励孩子这样做,甚至还要帮助他和同学解释。妈妈对诚实守信的不重视,也势必会影响到孩子。孩子口中虽然说着"妈妈最好了",可这个"最好"可不是真的好,孩子迟早会受到这个"最好"的危害。

好妈妈则直接否定了孩子的这个决定,并且告诉他诚实守信的意义,鼓励他不要因为一些无聊的原因就随便毁约,提醒他一定要做一个诚实守信的好孩子。正是因为妈妈的坚持,孩子才最终改变了决定。想想看,这么热的天孩子都能准时赴约,他的同学也会因此而感到欣慰的,而且也会做一个说到做到的诚信之人。

类似这样的一件小事在很多妈妈眼里似乎都没什么,因为它太微不足道了,好像生活中很多人都会很轻易地找个借口而毁约。但是,孩子的习惯就是这样形成的,一连几次毁约之后,孩子就会逐渐变成一个不守约定的人,也就是不诚信的人,久而久之,同学将再也不愿意与他打交道。也就是说,一个总是失信于人的人将会缺

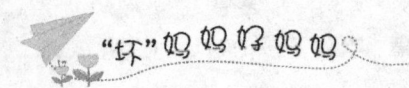

乏最起码的人格魅力，人们也会渐渐地离他远去。

当然不会有妈妈希望自己的孩子变成这样子，所以，对孩子的人格教育中，一定不能忘记加上诚信教育，提醒孩子"人无信不立"，让他知道诚实守信对他的重要性，并逐渐形成诚实守信的好习惯，成为一个守信之人。

教育建议

建议一：妈妈对孩子要做到守信

教孩子理解诚实守信的一个最简单也是最直接的方法，就是妈妈自己就对孩子要做到守信。比如，妈妈如果答应孩子在他完成作业后就带他去玩，那么当孩子真的完成作业时，妈妈就要兑现承诺，绝对不要只是将这样的话当成缓兵之计。别以为就此稳住孩子了，以后什么都好说，孩子可会一直记着妈妈的这个承诺，如果妈妈没有兑现，他不仅会感到很难过，同时他也会留下这样的印象："既然妈妈可以不守信用，那么下次我也可以这么做。"

所以，妈妈要对孩子守信，每次给孩子的承诺，也要好好考虑一下，确定自己可以实现，如果当时不能实现，最好和孩子说明，并且尽量在以后给孩子一个补偿。

建议二：提醒孩子谨慎与人定约定

守约定是人诚实守信的一个最基本的表现，而最能体现一个人不守信的表现恰恰就是毁约。所以，妈妈要提醒孩子，与人定约定的时候一定要谨慎。最好先确定自己是不是有能力实现这个约定，或者是不是有时间守约，如果没有能力，或者没有足够的时间，孩子

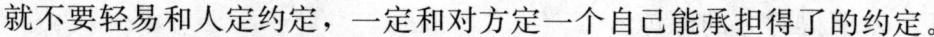

就不要轻易和人定约定，一定和对方定一个自己能承担得了的约定。

妈妈尤其要提醒孩子，不要用开玩笑的态度去对待诚信这个问题。因为有的孩子可能会因为好玩而和人约定了，但他其实只是想骗一骗人，一想对方被自己骗了之后的表情，孩子会觉得很好玩。妈妈要提醒孩子赶紧丢掉这样的想法，否则他可能就会像"狼来了"那个故事中的孩子一样，当他真的有事想与人相约时，恐怕就没人愿意赴约了。

建议三：教孩子在生活中守信，但也要教他变通

诚实守信不只是在与人约定的时候需要，在生活中的很多情况下都很需要。比如，孩子考试时要保证自己独立完成答卷，这就是一种诚实守信的态度；还比如，平时借了别人的东西，定好了在什么时候还，就一定在约定好的时间还，并且还要完好无损地还回去。

生活中的很多地方都需要孩子表现自己的诚实守信，所以妈妈要提醒孩子也对这一品德重视起来。

另外，我们也要告诉孩子，如果遇到了坏人，在跟坏人做"约定"的时候，就可以不必讲诚信，因为那只是让自己脱身的一种办法。在脱身之后，要想办法立即将这个"约定"告诉父母、老师等值得他信任的人，或者打110报警。总之，孩子对待诚信要懂得变通处理。

建议四：告诉孩子该如何应对特殊情况

虽然孩子应该诚实守信，但世事难料，很难保证在什么时间会发生什么特殊的情况，结果可能就会导致孩子无法赴约。这时，孩子可以先尽一切努力，想办法告诉对方自己可能一时半会儿无法赴约，并和对方商量更改约定时间，当然孩子一定要表达最诚挚的歉

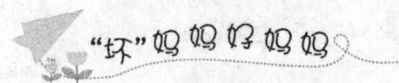

意,以求得对方的原谅。

如果一时无法联系到对方,孩子可以在事后第一时间找到对方,及时向对方解释清楚自己无法赴约的原因,或者用一些简单的小礼物来表达自己的歉意。

建议五:教已失信的孩子重新建立别人对他的信任

很多孩子可能在不知不觉中就已经在他人那里失信了,这时妈妈就要帮他重新建立起诚实守信的态度。提醒孩子先要牢记过去的错误,并要时常以此来警示自己一定要守信。而对于他人再次与孩子约定的事情,孩子要准时且不遗余力地办到,逐渐换回他人对自己的好印象。当然,孩子不能着急,这个过程可能不会那么顺利。而一旦对方再次信任了孩子,妈妈也要提醒他注意保持自己的诚实守信的习惯,可不能立刻松口气又回到以往无所谓的状态。

妈妈还要提醒孩子一句,不要总是用语言去说自己一定守信,诚实守信这样的事情,是需要用行动表现出来的,所以孩子要多表现,而不是多表态。

教 子 箴 言

诚信教育也不仅仅是靠说教的,妈妈最好是用身教来影响孩子。同时,在日常生活中,妈妈也要提醒孩子记得表现诚实守信的美德。尤其是在遇到一些特定事件时,妈妈要观察孩子的表现,如果他表现出了诚实守信,妈妈最好予以表扬;如果孩子失信,妈妈不要直接批评,而是要再次提醒他记得向对方道歉,并在以后保证做一个守信用的人。

给孩子一颗仁爱心,教他"泛爱众"

爱心是孩子健全人格的一个重要组成部分,拥有仁爱之心的孩子在看待周围事物时会心怀温暖,而在对待周围人时会表现得更让人舒服与安心。爱心教育也需要妈妈从孩子小时候开始做起,要给孩子一颗仁爱之心,教他学会"泛爱众"。

家教现场

孩子告诉妈妈,学校要举行募捐活动了,希望大家把自己平时不用的玩具、课外书、衣物等东西能捐出来,送给偏远山区的孩子们。

妈妈问孩子:"你想捐什么?"

孩子有些犹豫地说:"不知道……其实,我也不那么想捐。"

☆ **家有"坏"妈妈** ☆

妈妈随口接道:"就是,不捐应该也没事。"

孩子连忙说:"是吧,我的东西我都想要的,捐出去觉得可惜。不过,大家都捐了我要是不捐会不会被人说?"

妈妈则说:"那就象征性地捐一点,看你哪个东西不想要了,捐出去就得了,也省得扔了。"

孩子像找到了解决问题的方法,很开心地按照妈妈说的去做了。

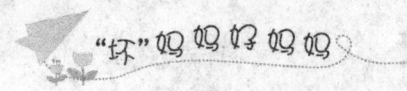

☆ **家有好妈妈** ☆

妈妈好奇地问:"为什么不想捐呢?"

孩子说:"那些东西都是我的啊!我以前都挺喜欢的,现在虽然不喜欢了,可也舍不得。"

妈妈笑了:"别这样啊!你想想看,如果你就是那个偏远山区的小朋友,你什么都没有,是不是也期待得到玩具、衣服和课外书呢?换过来想一下就好了,妈妈支持你去捐。"

孩子想了想说:"妈妈这么一说,倒也是。可还是有点舍不得。"

妈妈摸了摸孩子的头说:"这样吧,妈妈和你一起去挑一挑,把那些干净的、还完好的东西,捐了吧。我们长大了呀,以后会有更多的东西,把暂时用不到的给更需要的小朋友,这才是有爱心的表现哦!"

最终,孩子还是决定按照妈妈的话去做,母子俩一起走进了孩子的房间……

案例分析

"坏"妈妈看似顺应孩子的表现,却反映出她本身的自私,而她的自私最终也影响到了孩子。孩子看到妈妈都同意他不捐,甚至还说出"象征性捐点""省得扔"这样的话来,他也就会对献爱心这样的活动不再认真对待了。当妈妈都不重视孩子爱心的培养时,孩子更是不会对此在意。

而好妈妈则帮着孩子扭转了思想,让他意识到自己这样做的意义,让他知道献爱心是正确的行为,也是值得提倡的行为。虽然孩子在当时不一定完全同意妈妈的说法,但相信以后他会慢慢明白爱心的力量和意义,并且能够主动去献爱心。

"人之初,性本善",其实孩子天生都是善良的,在看到幼小的生物时,他也会表现出爱怜的情绪来,而妈妈应该帮着把孩子的这种天生仁爱善良之心发扬光大,让他成长为一个有爱心的人。可事实却是,很多妈妈做不到这一点,和"坏"妈妈一样,她们将自己的自私传染给了孩子,平时看到孩子没有爱心的表现也没有过多评价,孩子因此而变得冷冰冰的,就算是对父母恐怕都没有多少爱的表达。

孩子的成长是需要爱的,而他也需要付出爱才能换来更多人对他的爱。这是一个良性循环,妈妈应该帮孩子建立起这个良性循环。

教育建议

建议一:在家中营造充满爱心的生活氛围

对孩子进行爱心培养最佳的场所就是家庭。妈妈和爸爸要在家里为孩子营造一个充满爱心的生活氛围,让孩子在其中感同身受,耳濡目染,他自己自然也会充满爱心。

所以,平时在家里,妈妈应该尽量保持微笑,说话和风细雨,尽量保持快乐,关心孩子,也关心家里的所有成员,甚至是家中的宠物、植物。

不仅在家里,妈妈与邻居之间也要爱心满满。比如,邻居有了困难,能帮的就要帮一把;遇到邻居来借东西,则要大方开心地把东西借出去;不随便议论他人,不随便诋毁他人,尤其是不在孩子面前讲他人的闲话,多说别人的好,多讲看到的好事,等等。

建议二：教孩子正确表达爱心

很多人在爱心表达上存在各种问题，有的表达不直接，有的表达太死板，结果导致本来奉献了爱心，却落得不被领情的境地。孩子更是会犯这样的毛病，所以妈妈要教他学会正确表达自己的爱心。

比如，不能一说到帮助别人，就只是捐钱捐物，很多人需要的可能并不仅仅是物质上的帮助，他们更需要精神上的安抚，那么当孩子遇到类似的情况时，也要多和对方聊一聊，如果是他的同学，最好是和对方建立起纯真的友谊，以朋友的身份给对方以安慰，等等。也就是说，妈妈要教孩子灵活掌握表达爱心的方法，让他能自然而然地送出爱心。

建议三：提醒孩子对万物众生都要有爱

一个人要讲仁爱，应该能做到"泛爱众"，也就是对万物、众生都要有爱，这样才能称得上是真正有爱心的人。所以，妈妈要提醒孩子，爱心表达不仅仅是对亲人，对其他同学，其他小朋友，甚至是某些陌生人也可以表达；更要注意的是，即便是对动物、植物，孩子也要表现出爱心。

每当出门在外时，妈妈就要提醒孩子注意爱护路边的花花草草，看见跑过去的小狗、小猫或者小鸟，孩子也不要上去惊吓。当然如果有条件，妈妈可以根据孩子的喜好，在家中养一盆花或者养只小动物，以此在生活实践中培养孩子的爱心。

教子箴言

是不是拥有仁爱之心，也能影响一个人在他人眼中的印象。显然，冷冰冰的人不会为人们所喜欢，而总是对他人良善有加，爱意满满的人才会有更多的朋友。妈妈也该好好地培养孩子的仁爱之心，让孩子成为一个"泛爱众"的人，从而也获得众人对他的爱。

教孩子懂得"每日三省吾身"

拥有健全人格的人，一定是有反省心的，会在自己出问题的时候及时反省以尽快纠正错误，即便没有错误，也会经常进行反省，从而不断完善自己。孩子也需要学会反省，妈妈在这方面也要多督促他，以保证他不会因为盲目向前而忽略了错误，结果反倒让成长走了弯路。

家教现场

孩子最近总是心事重重，妈妈观察了几天，终于忍不住问道："你最近是怎么了？"

孩子叹了口气说道："妈妈，我觉得班主任老师一定不喜欢我。"

"为什么？"妈妈惊讶地问道。

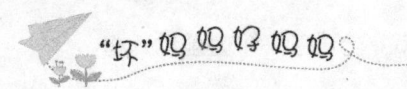
"坏"妈妈好妈妈

孩子无奈地说:"她总是找我茬,上课经常盯着我,就算是别人上课说话,她也看着我皱眉头。"

☆ **家有"坏"妈妈** ☆

妈妈立刻说:"那你还不想想自己到底做什么错事了?"

孩子皱着眉摇摇头说:"我没有啊!"

"老师都那样看着你了,那错准小不了!你还不知道反省?"妈妈有些生气了,"那你就给我去房间里反省吧,想不出来为什么就别出来!"

孩子还想反驳,妈妈眼睛一瞪,孩子只得撅着嘴回了自己的屋子。

☆ **家有好妈妈** ☆

妈妈笑了笑说:"我觉得这里面肯定有原因,老师那么注意你应该也是关心你,担心你会出错。如果你老老实实上课,认真听讲,从来不随便和同学讲话,老师也不会这么'关注'你,不是吗?"

孩子想了一下,说道:"妈妈,我想不起来。"

妈妈又笑了:"一下子可能想不起来,这样吧,你接下来的几天,每天没事的时候就检查一下自己的行为,看看哪里做得不好,及时改一改。这就是每天的及时反省,过段时间再看看,没准儿老师就不那么盯着你了。"

听了妈妈的话,孩子点了点头,并主动说道:"那……我现在就先回屋好好想想去。"

案例分析

同样是要劝孩子反省,"坏"妈妈认准孩子犯了大错,强逼着他必须想出个所以然来,而好妈妈则给孩子提出了反省的建议,引导孩子自己主动反省。

其结果不言而喻,"坏"妈妈这样的强迫性反省,只能让孩子觉得委屈,他绝对想不出来自己到底是犯了什么大错,才被老师如此关注,而妈妈又说想不出来不让出屋子,他会变得越来越烦闷,而最终结果,要么是他因为总也找不到自己哪里出了问题而焦躁不安,要么就干脆破罐子破摔,开始彻底调皮起来。

好妈妈的建议让孩子意识到自己身上是存在不足的,同时他也从妈妈那里知道老师并不是看自己不顺眼,而是对自己的关心,这也让他不再害怕老师的过分关注,而是能专心反思自己到底哪里出了问题。而且,妈妈没有让孩子当天必须有思考的结果,而是提醒他在以后的几天都要好好反省,这恰好就是"每日三省吾身"的建议,相信以后孩子就能形成经常反思的好习惯,从而不断纠正自己的问题,使自己获得成长。

孩子的成长过程,不可能一帆风顺,也不可能完美无缺,他总是要出问题的,总是会犯各种错误的,所以反省才是帮他查找并解决问题、纠正错误的最好途径。而且,经常能自我反省的人也会更加谦逊,不会目中无人,这样的人会具有令人信服的人格魅力。

不过,反省本来就不要求一日解决,所以妈妈也没必要给孩子限定反省的时间,只要他每天都能有反省的意识并能主动做到反省,那么妈妈的反省教育就算是成功的。

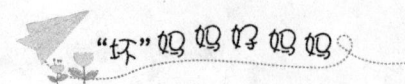

教育建议

建议一：教孩子学会反省

反省是要有一个过程的，找个比较空闲的时间，静下心来把自己前段时间的行为在大脑中好好过一遍，想想自己做了什么，有没有出现什么问题，如果出了问题是因为什么，是否可以弥补，如果不能弥补，那么以后要注意什么……最终反省完毕后，要得出一个基本的结论，那就是以后自己该怎样做，才能避免不犯重复的错误，并且保证能纠正以往的错误。

妈妈可以给孩子演示一下反省的过程，告诉他反省的时候都要想些什么，提醒他不要想得太多太杂，以免由反省变成胡思乱想。

建议二：告诉孩子一旦发现问题，就要及时处理

反省过后，只要有问题，都需要及时处理，不能只用大脑反省，而没有行动上的反省。只要发现了问题，接着就要想解决问题的办法，看看自己下一步该如何做，以求最终解决问题。

所以，在一开始教育孩子学习反省时，妈妈最好多提醒几句，让孩子一旦发现问题赶紧想办法解决，以免他形成拖拉的毛病。

另外，有的孩子会逃避自己的问题，他的反省可能只看自己好的表现，而忽略了坏的表现。妈妈要鼓励孩子勇敢面对不好的自己，告诉他只有战胜不好的自己，他才能进步。

建议三：提醒孩子合理安排反省的时间

反省虽然需要过程，但时间安排要合理，不要在本来该认真做事的时间里去反省，否则就是在浪费时间。可以提醒孩子将自己的时间合理分配，该做的作业，该学习的内容都处理好之后，再找个空闲时间，比如睡觉前的一段时间，好好将自己一整天的行为回忆一下就可以了。

当然，虽然反省不能占用特殊时间，可也不能随便想想就算了。反省需要认真，即便是空闲时间，也要用得合理到位，只有认真的反省才不算是浪费时间。

建议四：别让孩子因为反省而变得自卑

虽然反省是为了让孩子及时纠错并进而不断进步，但是，有的孩子却会因为反省而变得自卑起来。比如，孩子可能会发现自己怎么那么多问题，改起来比较麻烦，如果再加上老师、同学甚至是亲人的指责，他更会觉得自己一无是处。

妈妈此时就要给孩子打气，告诉他反省就是在帮他完善自己，是在帮他治愈身上出现的种种伤口，虽然反省的时候犹如揭开伤疤会有些疼，但那只是在揭掉伤口处不高明的遮羞布，在给自己进行治疗，会让自己变得更加健康。所以，反省不是坏事，而是让自己变好、变强大的好事。更重要的是，能够自我反省的人，本身就已经是一个强者了，因此应该为这样的自己感到欣慰，自卑当然就谈不上了。

教子箴言

不断反省自我的过程，就是不断完善自我的过程，拥有反省心的孩子，在各方面都会表现得谦虚谨慎，所以他就不会因为狂妄自大而被人嫌弃。而总是能找到自己的问题并及时改正的孩子，也会因为自身的优秀而吸引更多的人来与之结交。

第六章

保证孩子的身心健康
——体壮曰健，心怡曰康

教育孩子的目的，不只是为了让他能学到更多的知识、更多的能力，让他能有所作为，更重要的是要保证他拥有健壮的身体，有健康的内心。身心都健康的孩子，不管做什么都会有足够的精力，也会更专心。其实说到保证孩子的身心健康，每位妈妈都不会有所怠慢，不过妈妈的所作所为是不是真的会给孩子带来益处，这还需要妈妈好好地反思与琢磨。

吃得好，少吃肉，多吃蔬食

要让孩子身体健康，有一个最基本的保证，那就是要让孩子吃得好，只有这样，才能保证孩子有足够的营养摄入。不过，妈妈同时还要注意让孩子均衡摄入营养，多吃肉并不一定有营养，而不吃蔬食则一定会缺乏营养，在吃饭这个问题上，妈妈也要多动动脑筋。

家教现场

从孩子能吃饭开始，妈妈就看了很多营养学的书，想要给孩子准备有营养的饭食，保证他拥有健康的身体。不过几年之后，妈妈发现孩子有越长越胖的趋势。

一天晚饭，刚好家里做的红烧肉，孩子吃得很香，连吃了两碗饭。等到吃完饭后，爸爸对正在厨房忙碌的妈妈说："我们是不是别让孩子长得太胖呢？"

☆ **家有"坏"妈妈** ☆

妈妈头也没抬地说："胖什么啊？他还是孩子！"

爸爸摇摇头："可是他吃的肉太多了，不怎么爱吃菜。"

妈妈无所谓地说："没事。还小呢，等长大了就什么都吃了。他爱吃什么就让他吃好了，多吃长得壮壮的我才喜欢呢！"

☆ **家有好妈妈** ☆

妈妈一愣，接着说道："啊……你这么一说，他的确是比别的

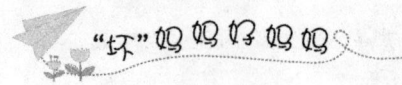

孩子胖。是吃得多了吗?"

爸爸说:"嗯,我觉得是吃肉太多了,你看刚才,肉吃得挺好,可桌子上的菜倒是没怎么动。我觉得小孩子应该多吃一些蔬菜水果。"

妈妈点了点头:"嗯……你说得对,以后我得帮他改一改食谱了,要让孩子成为健康的孩子。"

案例分析

两位妈妈对孩子的爱都是真心的,不过"坏"妈妈的爱有些盲目,孩子爱吃的东西就让他毫无节制地吃,就算孩子已经变胖了,但她却并不在意,还只是觉得孩子多吃长得壮。其实,她的这种对孩子的饮食不加控制的做法,是在无形中伤害孩子。

好妈妈则在孩子爸爸的提醒下,注意到了自己的问题,并决定改变孩子的食谱。这才是真正在为孩子的健康考虑,而且好妈妈虚心,敢于承认错误,这一点更让人尊重。

在孩子饮食的这个问题上,绝大多数的妈妈都不敢怠慢,生怕孩子会因为吃不好而出现健康问题。于是,在有孩子的家庭里,厨房中绝大多数时间的饭菜,其实都是给孩子准备的。但是,虽然每位妈妈都在尽心尽力地准备饭食,可结果却并不一定能让孩子吃出健康来。

有的妈妈盲目地给孩子进补,有的妈妈又总是顺应孩子的喜好,还有的妈妈则经常强逼孩子再多吃一些……妈妈的心情是可以理解的,不过显然这些做法都有失偏颇。

那么,对于这个让多数妈妈都很挂心的问题,又该如何解决呢?

教育建议

建议一：适当减少各种肉食的摄入

肉类食物是人类饮食中最重要的一类食物，其主要来源就是各类动物身上可供食用的部分，主要的营养价值是提供蛋白质，以及脂肪和一些矿物质、维生素。

但是，肉食的摄入也要适量，不是说没完没了地吃就能保证身体健康。如果肉食吃多了，还可能会给身体造成沉重的负担，以及带来各种疾病。这是因为肉食自身也会因为各种原因而产生有害物质，比如，动物会吃进带有农药的植物，农药可能就会在肉中残留；人们为了加快动物的成长和改善肉质，会在饲料中加入很多添加剂；动物自身的疾病，也会在肉中被保留下来；动物被杀害时，恐惧和痛苦会让肉体产生化学变异，尸体中的蛋白质也会转化为有毒物质；吃过多的肉食，会因为尿素尿酸的增加而给肾脏带来负担，等等。

所以，妈妈要对孩子的肉食摄入量有一个严格的控制，适量吃一点就可以了。如果是3岁以下的幼儿，更是应该要少吃肉。另外，妈妈也不要带孩子去吃些稀有的所谓的"山珍海味"，以免因为不知名病毒的摄入而给孩子带来各种甚至是难以挽回的损伤。

建议二：一定要让孩子多吃蔬菜水果

相比较肉食，蔬菜和水果对人体会更加健康一些，而孩子也更需要这些营养。蔬菜水果中富含丰富的维生素、营养纤维，各种颜色的蔬菜、水果都含有不同的营养，这些营养对孩子都是不

可或缺的。

不过，有些蔬菜水果的口感并不那么好，比如，青椒、胡萝卜，味道很奇怪；橘子等水果，有时候又会偏酸。因为这些原因，很多孩子可能会拒绝吃进这些东西，而有的妈妈看到孩子吃得那么痛苦，便也会因为心软而不再给他吃。

其实，妈妈不能因为孩子不喜欢吃就不让他吃了，只要是有益于他身体健康的东西，妈妈都应该让孩子尝一尝。妈妈要做的事情是变换一下制作方法，将饮食的味道调整成孩子喜欢的口味，或者把食物做成可爱的样子，先从视觉上吸引孩子的注意力，然后再鼓励他吃进去，慢慢让他养成吃蔬食的好习惯。

建议三：培养孩子良好的进食习惯

很多孩子之所以营养不均衡，与他不好的进食习惯也有关。有的孩子喜欢边吃边玩，有的孩子喜欢一边看电视一边吃，还有的孩子挑食偏食，再有的孩子是把零食当成正餐来吃……这些不良习惯都将影响孩子的营养摄入效果，使他不能获得更均衡的营养。

所以，妈妈从一开始就要培养孩子良好的进食习惯，提醒他吃饭的时候要专心致志，不要在饭桌上嬉闹，也不要边吃边说。同时，吃饭的时候家里的电视等最好都关上，给孩子一个安静的吃饭空间。还有就是，妈妈不要给孩子准备太多的零食，可以在饥饿的时候适当吃一点，但不要没完没了地吃。

建议四：不要盲目地补充各种营养保健品

有的妈妈总担心孩子从食物中摄取的营养不足，妈妈可能就会给孩子买许多营养品或者保健品。其实是没有必要的，只要孩子能正常吃饭，少吃肉，多吃蔬菜，做到一日三餐正常饮食，那么他的健康就不用担心。而盲目地补充各种营养品或保健品，可能就会导致孩子营养过剩，或者是营养失衡。

教子箴言

虽然吃饭是每个人的本能，可并不是所有人都会吃饭，很多孩子就是如此。在吃这方面，妈妈也应该多下些功夫，要让孩子吃得好的同时，也能吃得正确，最好要保证孩子对营养的摄入。妈妈没必要为了孩子而给他吃昂贵或者稀有的东西，只要用心做好普通的家常便饭，准备足够的水果，孩子的身体就能健康成长。

睡得香，早睡早起，作息有规律

合理的睡眠也是保证孩子身体健康的一大法宝，孩子需要充足的睡眠，但却并不是随便什么时候想睡就睡的，睡眠时间也要安排得有道理，也就是说妈妈要培养孩子养成有规律的作息，按时睡觉，按时起床，这样他的身体才能得到充分的休息。

家教现场

上初二的男孩很喜欢看书，经常看书看得很晚。某个周末，男孩看书一直到半夜才睡。好在第二天是星期六，他睡到了中午还没醒。

爸爸见男孩依然没起床，便皱着眉对妈妈说："怎么又睡懒觉了？"

妈妈回答说："他昨晚又熬夜看书了，估计熬得很晚，睡得晚

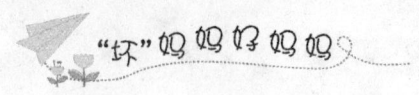

自然也起不早。"

爸爸摇摇头:"这可不行啊!没有良好的作息规律,他的身体可受不了,之前好像就经常熬夜吧?以后不能让他看那么晚的书了。"

☆ 家有"坏"妈妈 ☆

妈妈连忙摆着手说:"你懂什么?难得孩子这么爱学习,反正今天是星期六,他又不用去上学,睡就睡呗。再说,他是在学习,又不是瞎胡闹,你管那么多干什么!"

爸爸一皱眉说:"我那不是担心他的身体嘛!"

妈妈不以为然地说:"只要他补够了觉,身体就恢复了,还在乎那个?好好学习可比什么都重要!你不懂!别跟着瞎掺和了!"

☆ 家有好妈妈 ☆

妈妈点了点头说:"嗯,你这么一说还真是。我之前倒是只想着他肯看书学习这是好事,还真没想那么多。也对啊,没有了好身体,以后想干什么都干不了了。那你有什么建议吗?"

爸爸说:"不如我们帮他定一个作息时间表吧!"

"哦?"妈妈也眼前一亮,"好主意。不过我们可不能全权代理,等孩子醒了和他商量一下,提醒他注意身体的同时,再和他一起定时间表吧。"

爸爸赞同地点了点头。

案例分析

"坏"妈妈只注意到了孩子在学习,只关心他学习的好坏,却完全忽略了身体才是学习的资本。而且,"坏"妈妈认为只要补够了觉,身体就能恢复,其实也是错误的认识,因为只有合理睡眠,孩子才可能睡得好,身体才会得到充分的休息,补觉是不可能让身体得到完全恢复的。

好妈妈则在爸爸的提醒下意识到了孩子的身体问题,并且开始积极想办法帮助孩子改掉现有的无规律睡觉的毛病,让他把身体调整过来,从而能更好地投入学习之中。

事例中说到了熬夜的问题,不过,很多孩子还有许多其他的问题。有的孩子虽然不熬夜,但睡觉很没规律,有时候睡的时间很短,五六个小时就醒了,有时候又睡起来没完没了,遇到周末能睡到第二天,其实这样的睡眠都是不正常的。

可能很多人都有这样的经历,不管是睡得太少还是睡得太多,又或者是睡得太晚,第二天的精神都不会太好,头脑也会昏沉沉的。孩子也是一样,如果他睡眠不正常,那么他在学习上也不会有好的效率。

所以,先不说学习的问题,单就从身体健康角度出发,妈妈也该帮孩子建立起良好的作息规律来,让他能早睡早起,并能有一个高质量的睡眠,保证身体能及时恢复状态,从而投入专心致志的学习之中去。

>>>>> 教育建议 <<<<<

建议一:引导孩子合理安排睡前时间

在睡觉前,孩子需要完成的事情包括,吃好晚饭,做完作业,清洁身体,如果有时间,还可以和爸爸妈妈聊聊天。这些事情孩子要分清轻重缓急,然后按部就班地把所有事情都做完。比如,作

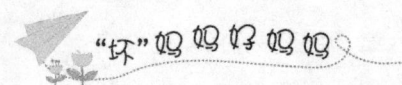

业、吃饭是最重要的,所以先要把这些事情做完,而清洁身体、聊天等事情算是日常需要,这些事情就要排得稍后一些。

总之,孩子要把这些事情一件一件安排好,做完一件再做一件,争取在该睡觉的时候能按时上床,而没有被其他事情所耽误。

建议二:和孩子一起定作息时间表

作息时间表是最能帮助孩子合理安排时间的工具,不过,因为是孩子的作息时间,所以妈妈就不能单方面替他去定时间表,而是要和孩子一起商量着来。

可以根据孩子目前的学习情况来定时间表,比如,如果孩子是小学生,那么睡觉时间就要尽量早一些,作业的时间不要太长,起床时间也不能太早;如果孩子已经是初中生了,那么睡觉时间就可以安排得稍微晚一些,学习时间要适当延长,不过,依然要保证睡眠的总时间。当有了时间表之后,就要督促孩子按照时间表去做,不要让那张表形同虚设。

建议三:教孩子正确睡觉

睡觉也是有讲究的,如果孩子没有学会正确地睡觉,那么他的睡眠质量可能就会不好。所以,虽然好像人人都会睡觉,但妈妈也要教孩子学会正确睡觉。

比如,睡觉时要选择健康的睡姿,最好不要趴着睡,以免压迫心脏、肺部而导致睡眠不舒服;睡前也要根据温度变化而准备好厚薄适度的被子或者毯子,以免太热或者着凉;再有就是睡前不要做剧烈的运动,也不要看太过刺激兴奋的电视节目,要保持大脑的安静;最后,躺在床上时不要想得太多,专心睡觉,等等。

建议四:提醒孩子最好不要熬夜

妈妈还要提醒孩子,如果不是有特殊事情,最好不要熬夜,把该做的事情都在睡觉前做完。如果实在做不完,看看能不能留到第二天去做,如果实在不行,即便是熬夜也要有时间限制,不要一下子熬得太晚,以免对身体造成伤害。

当然,妈妈在这方面还要有所监督,因为有的孩子可能会躲在被窝里打着手电看书或干其他的事情,所以妈妈在一开始除了要提醒孩子注意不能熬夜之外,还要帮他改掉习惯性熬夜这个坏毛病,培养他养成早睡早起的好习惯。

教子箴言

睡觉也是养身体的一个好方法,身体在睡觉时,很多机能会自动进行休息和修复,从而保证一觉醒来之后能够精力充沛。所以,妈妈可以帮孩子定一个合理的作息时间表,培养他早睡早起的好习惯,让他能在充足睡眠的帮助下,更好地去做自己的事情。

让平常心成就孩子的好心态

所谓平常心,就是不管遇到什么事都不会表现出过分的情绪来,时刻都能冷静地应对各种事情,简单来说也就是能顺其自然。这会让孩子更好地享受生活,而不会因为一丁点小事就变得很情绪化。所以,妈妈在这方面最好多下些功夫,让平常心成就孩子的好心态。

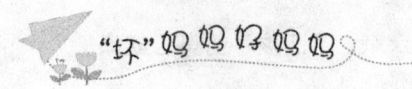

家教现场

孩子参加学校的升旗手选拔失败了,很是闷闷不乐,一方面觉得自己各方面表现很好居然还会落选,这让他觉得有些生气;另一方面是全班同学都知道他去参加选拔了,而他没有被选上,觉得自己有些丢面子。

回到家后,孩子把这件事告诉了妈妈,很委屈地说:"我是很有信心地去的,结果却没选上,超级受打击!现在浑身上下都觉得不舒服。"

☆ 家有"坏"妈妈 ☆

妈妈皱着眉头说:"这有什么啊?这也算事?至于你这么大反应?一个升旗手而已,选不上就选不上呗,又不会少块肉。有那委屈不舒服的时间,还不如多看几眼书来得实在!"

孩子更委屈了,撅着嘴又辩驳了几句,妈妈有些不耐烦了,挥了挥手:"好好好,你不舒服,你不高兴,那你想怎么办?一点平常心都没有!一丁点小事你就受不了了!真没出息!"

孩子听了这话,忽然眼泪掉了下来,他哭着跑回了自己的房间……

☆ 家有好妈妈 ☆

妈妈点了点头说:"是啊,没被选上是挺不舒服的。不过你想啊,这是个激烈的竞争,每个人都有被选上的可能,也有落选的可能。你不会总遇到让你满意的事情,不过你已经努力了。大家都会看见你的努力的,别那么灰心,你还有的是机会去证明自己的。"

虽然情绪还没有完全恢复,但孩子已经不像刚才那么沮丧了,他叹了口气:"好吧妈妈,我还是去写作业了,努力做好自己的事情才对,不是吗?"

案例分析

"坏"妈妈可能就是想告诉孩子,这件事没什么,用不着那么悲观应对,但是她这种说法却带给孩子一种"输不起"的感觉,她的话里话外满是选拔升旗手这件事很无所谓,孩子的反应太过分。尤其是到后面,妈妈还数落起了孩子,这当然会让孩子感觉更难受,她的劝导反倒成了火上浇油。

好妈妈体谅了孩子的感受,她的一席话,让孩子意识到自己只是所有竞争者中的一员,同时也认识到了自己的努力就是对自己最大的回报,这样的安慰帮孩子逐渐恢复了心情,这才是正确的关于平常心的引导。

其实很多孩子都缺乏这样一种平常心,尤其在两种孩子身上表现得明显,一种是那些在学习上一直都顺风顺水的孩子,他会觉得自己获胜或者获得关注是理所当然的,所以一旦遭遇失败就会让他有种天都要塌下来的感觉;另一种则是被妈妈寄予厚望的孩子,他们背负沉重的心理压力,一旦成功就会如释重负,甚至陷入狂喜;一旦失败,又会压力倍增,更加难以承受。

缺乏平常心的孩子,其实都是心理脆弱的人,他们承受不起人生必经的任何风浪,因此也就无法获得更高的成就,甚至连最基本的快乐生活可能都实现不了。这种悲观的情绪还可能会影响他的身体健康,更会危害他的心理健康。

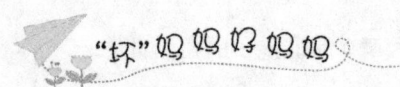

所以，妈妈要意识到平常心的重要性，要培养孩子也具备平常心，使他能平静地对待生活中的起起落落，让他能快乐地去享受生活。

教育建议

建议一：告诉孩子本就没有完美

很多孩子都有一种完美主义，只要结果不是自己想要的，他就会发生严重的情绪变化，有时候会无比沮丧，有时候又会无比暴躁。妈妈这时要帮孩子解开这个心结，告诉他世界上本就没有彻头彻尾的完美，有些失败也是人之常情，而且人也不可能总是一帆风顺，正是因为有挫折，才能称之为圆满的人生。

对于妈妈来说，在告诉孩子这些事情之前，自己应该先调整一下心情。很多妈妈望子成龙，平时也总是对孩子灌输"得第一才是最棒的"这样的论调，结果孩子就会慢慢形成"只有成功才可以"的偏执认知。所以，妈妈先"改造"好自己的思想，再去帮孩子解开心结，这样才会更加顺利。

建议二：引导孩子努力做好自己能做的事情

曾经有这样一种说法：比赛场上什么样的人最美丽？不一定是那个得冠军的人，而是那些从不轻言放弃，尽自己最大努力完成比赛的人。妈妈也可以借此来引导孩子，让他将全部的注意力放在自己该努力去做的事情之上，别多想其他无所谓的事情，只要自己努力了，哪怕结果不那么理想，自己也可以问心无愧。

另外，妈妈要注意的是，别用"别人比你更惨"来安慰孩子，否则孩子会觉得"反正有人比我惨，我就算不那么努力也会比他们强"，有了这样的想法，他可能就会不愿意再继续努力了。所以，妈妈对孩子的鼓励要从他自身出发，一定不要贬低他人。

建议三：教孩子学会赢不狂喜、输不大悲

平常心的一个最显著的表现，就是情绪的变化不是那么大起大落。否则，赢了就疯狂地高兴，输了就一副天都塌下来的样子，这就反映出孩子心理承受能力是有问题的。而显然，无法正确对待输赢的孩子，也就意味着他无法正视现实，所以他赢的机会就会相对减少。

妈妈应该教孩子学会正确对待输赢，要能很好地控制自己的情绪。最好是让孩子在最终结果出来之前就能意识到自己可能遇到的结果，如果自己一直很努力，各方面表现也很好，那么赢是理所当然；如果自己在某方面的确有欠缺，那么输也就不要那么沮丧了，这也是情理之中。

孩子要学会通过自己的表现来预判未来，从而使得自己不会两眼一抹黑地去撞运气，而这也就避免了他在输赢面前出现大喜大悲的情况。

建议四：提醒孩子平常心不是消极应对

虽然要孩子用平常心去应对各种事情，但是这并不是要孩子消极应对，更不是让他丧失斗志。平常心的前提是孩子有足够的能力去表现自己，也就让他正视自己的能力，这样他就不会对自己的表现有过分的预估。不过，可不要让孩子本来没能力，却不断妄想，这可能会让他感到自己是无能的，反而会变得更加消极。

所以，妈妈要教孩子学会保持心情平静，遇到事情就去专心处理，遇到问题就想办法解决，走得顺利的时候就保证不出错，遇到障碍的时候迈过去就是了。总之，平常心应该是一种冷静的情绪，

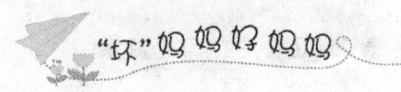

而绝对不是彻底消沉。

教子箴言

平常心是孩子心理健康的一个重要表现，拥有平常心的孩子会更容易接受事情的各种结果，而他也能根据这些结果来更好地分析自己的实力，从而做到查漏补缺，为自己下一次的努力做好充分的准备。妈妈自己也要注意培养自己的平常心，这样就不会对孩子有过高的期望，而接下来才能更好地继续教育孩子。

鼓励孩子，增强他的自信心

自信心是对自己的信任，是对自己可以有能力完成某项活动的肯定。有自信心的孩子，不会畏惧困难与失败，敢于挑战自我，这样的孩子显然更容易获得成功。而孩子的自信心，很大程度上是来源于妈妈对他的鼓励，这份鼓励会让他感到浑身充满力量。

······▶ 家教现场 ◀······

12岁的女孩喜欢写作，有一次在报纸上看到一个征文比赛，女孩跃跃欲试。比赛面向大众，女孩生怕自己的文章去了就遭淘汰，因此有些犯难，便想要征求妈妈的意见。

女孩对妈妈说："看到题目要求的时候，我的脑海中已经立刻出现文章的构思了，感觉马上就能写出来了。可是，这不是学校的比赛，是报社的，写得好的人应该有很多吧？写完就被淘汰的感觉可不舒服。"

☆ **家有"坏"妈妈** ☆

妈妈则说："你写吧，没事！你在学校不是就一直都写得很好吗？你敢参加这个比赛就是好样的，不信你去问你同学，他们保准不敢参加。你要是参加了，可就甩他们一大截了。妈妈相信你肯定能得奖，到时候你这个奖没准儿还能给考高中加分呢。去吧，妈妈支持你。"

女孩犹豫地点了点头，但心里总觉得妈妈说的话哪里不对，妈妈怎么就那么肯定自己能得奖呢？

☆ **家有好妈妈** ☆

妈妈笑着说："这个比赛很好啊！我觉得这种社会上的比赛其实对你也是一种锻炼，和更多的高手过过招，你不觉得这也是一种很不错的体验吗？妈妈支持你去写，只要把自己想写的东西写出来就好了，不要紧张，也别想那么多。只要有自己的真情实感在文章里，妈妈觉得评委们应该也能体会得到。试试吧，妈妈鼓励你！"

"嗯！"女孩高兴地点点头，"让妈妈这么一说，我更想写了，哦，不，我应该是努力写好才对！"说完，女孩跑回了自己的房间开始构思起来……

◆◆◆◆ **案例分析** ◆◆◆◆

鼓励孩子也需要鼓励到点子上，"坏"妈妈的鼓励听来有些自私，不是贬低周围的同学，就是给孩子过分的吹捧，甚至还将孩子这一次的挑战当成是未来加分的筹码。也难怪孩子会觉得这样的鼓

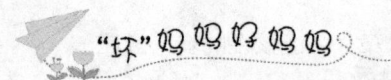

励很不对劲,毕竟她可能本来就只是想要参加一次写作比赛而已,根本不涉及这么多其他的事情。这样的鼓励明显没有让孩子提升自己的自信心,反而可能会让她感觉自己很自私。

好妈妈的鼓励显然更让孩子容易接受一些,她只专注于对孩子本身的鼓励,并帮她减轻了心理压力,使她能更有信心,并能全身心地投入自己想要做的事情上去。

不得不说,很多孩子是缺乏自信心的,患得患失,怕自己一个不小心就会走错,总是觉得自己一定会失败。这时候,妈妈的鼓励就显得很重要了,只有恰到好处的鼓励才会给孩子带去勇气,让他意识到自己的能力,并能肯定自己的能力,也就是能让孩子获得自信心,从而依靠自信心的支持来完成该做的事情。

······▶ 教 育 建 议 ◀······

建议一:引导孩子认清自己的能力

了解自身的能力大小,是孩子自信心的最主要来源。当孩子发现自己有足够能力去做各种事情时,他自然会有信心去处理遇到的各种问题。

所以,妈妈首先要做的事情,就是要引导孩子先认清自己的能力,帮他了解自己到底能做哪些事,对这些事能做到什么地步,是不是能很好地完成事情,能不能在某些挑战上有一定的突破,妈妈可以和孩子一起分析他已经做过的事情,比如,通过考过的试卷来分析他对知识的掌握能力;通过某些比赛的结果来评价孩子各方面能力的大小;通过平时生活中的某些细节来了解孩子到底在哪方面有长处,等等。

第六章 保证孩子的身心健康

当孩子能更好地认识自己的能力时，他也就不会再畏手畏脚了，而是能在自己能力所及的范围内，尽自己的最大努力。

建议二：用孩子自己的进步来鼓励他继续进步

孩子的自信往往都来源于他以往的胜利，那么这无疑也是给妈妈提供了一个鼓励的源泉。也就是说，若要孩子具备更强大的自信心，妈妈不妨用孩子自己的进步来鼓励他，提醒他注意到自己已经完成了那么多的事情，已经获得了那么多的成绩，所以他完全可以再次出发，去接受更多的挑战。

不过，妈妈也要注意一点，那就是孩子的极限。不要觉得孩子一直在进步，那他就能永远都进步。每个孩子都有可能达到的极限，不要逼迫孩子必须要进步多少，也不要逼迫孩子必须完成以他的能力不可能完成的任务，否则妈妈的鼓励就将变为孩子的心理负担。

建议三：鼓励孩子勇敢接受挑战

让孩子获得自信心还有一种鼓励的办法，那就是鼓励他去接受一些挑战。当然，这些挑战也一定要以孩子的能力为基础，要让他通过一步步的努力而有所收获。

不过，妈妈同样也不要强迫孩子，不要因为孩子不想去挑战，就说他不勇敢、不自信，毕竟孩子对新生事物的接受也需要一个过程。如果孩子愿意去挑战，妈妈当然要鼓励；如果孩子不愿意，妈妈倒不如换一种鼓励方式。

建议四：在孩子最需要的时候给予他鼓励

妈妈的鼓励是孩子不断进步的一个法宝，应该在孩子最需要的时候送出去，这样孩子才会获得最大的推进能力，他的自信心也会

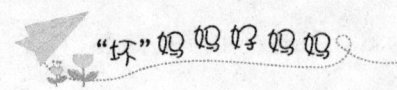

在受到鼓励的时候有所增长。

所以,妈妈最好选择孩子失败的时候,犹豫不前的时候,或者感到自己不行的时候去给他以鼓励,帮他解开心结,让他意识到自己也是有能力去行动的。

妈妈切忌在孩子本来就很自信的时候去鼓励,否则不仅起不到太大的作用,反而可能会让孩子觉得妈妈过分担心了。一般在孩子很自信的时候,妈妈只要告诉他"加油"或者给他一个拥抱就足够了,他就已经完全可以体会到妈妈对他的鼓励了。

教子箴言

自信心是孩子敢于挑战,能够进步的重要保障,不要让孩子缺乏自信心,否则他将错失让自己成长的机会。而且,缺乏自信心的孩子心理也会更加压抑,这也影响他身心的健康成长。而为了让孩子获得自信心,妈妈的鼓励至关重要,妈妈要学会正确鼓励孩子,要像给孩子充电一样让他在鼓励声中奋勇向前。

用自己的幽默感让孩子身心放松

随着孩子的成长,他会遭遇生活压力、学习压力、成长压力,等等。这些压力可能会让孩子内心背上越来越沉重的负担,而当心理压力倍增时,也会影响他的身体发育。所以,妈妈要想办法来帮助孩子卸下压力,有时候妈妈的幽默感其实就可以让孩子身心放松。

家教现场

眼看着快要期末考试了，刚上初一的孩子觉得越发紧张，感觉很有压力，平时学习也有些杂乱了。妈妈为此也很担心，除了变着法地给孩子做好吃的，妈妈也想好好安慰他几句。但是妈妈的安慰孩子听不进去，有时候妈妈说得多了，孩子还会觉得烦躁。

这时，爸爸说："我们应该让孩子放松一下，比如，给他讲讲小笑话什么的。"

☆ **家有"坏"妈妈** ☆

妈妈却撇撇嘴说："拉倒吧，现在学习这么紧张，我巴不得他更认真地投入学习呢，还讲小笑话，这不是让他分散注意力吗？这可不是好主意。"

爸爸摇摇头说："不是那个意思，是让你帮他更放松一些。"

妈妈说："得了吧！让他锻炼身体也比讲这些没用的笑话强。"

☆ **家有好妈妈** ☆

妈妈问："那个有用吗？"

爸爸则说："试试啊，我觉得幽默会让孩子感受家里轻松的气氛，他没准儿就能放松下来。我记得你还是挺有幽默感的。"

"啊？"妈妈笑了，"看你说的，嗯……你这建议也没错，孩子也是太紧张了，刚上初中就这么紧张可不利于后面的学习。最近倒是遇到一些好玩的事，不如今天就来个脱口秀，给咱们刻苦努力的孩子一个放松时间。"

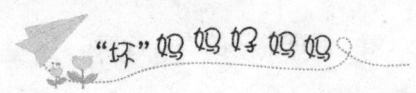

案例分析

"坏"妈妈对幽默感的认知是有问题的,在她看来,幽默感会让孩子分散注意力,毕竟能让人轻松一笑的小笑话和认真严肃的学习真是两重天的感觉。可是,当妈妈不懂幽默感时,不管再对孩子说什么、做什么,都会让孩子感到更紧张,孩子的压力不但没有减轻,可能反而还会增加。

好妈妈则接受了爸爸的建议,并且也意识到幽默感对于缓解孩子现在的紧张情绪是有一定帮助的,而且她还积极地思考该用怎样的方法来表现自己的幽默感。这样的妈妈是真心从为孩子的角度去考虑的,相信她的那个幽默脱口秀应该会对孩子有足够的帮助。

幽默感是让气氛轻松起来的重要法宝,孩子其实更渴望看到妈妈的幽默感。因为在孩子眼中,妈妈都是温柔而严厉的,妈妈总是会苦口婆心地教育劝导,又或者会无微不至地关怀,这些虽然能让孩子感受到温暖,可是他还是会觉得妈妈离他可能有点远。

而有幽默感的妈妈,可以让孩子感受到她的随和与平易近人,不管是说个笑话还是有意思的行为表现,都会让孩子觉得妈妈其实也是和自己一样的普通人,妈妈的幽默感会一下子拉近孩子与妈妈之间的距离。

尤其是在孩子很紧张的时候,妈妈不管是安慰还是说教都会让孩子感到更加无法放松,但相反的,如果有了幽默感,那么妈妈轻松的态度就能让孩子内心的紧张感有所缓解。

教育建议

建议一：先让自己具备一定的幽默感

幽默感是可以在后天不断培养的，妈妈不用担心自己是个没有幽默感的人。可以经常看一看幽默的节目，从中体会那些能表达幽默的人是怎么做的；也可以没事翻翻各种小笑话，有时候也可以借用这些小笑话来帮助孩子放松。

平时妈妈也要多注意发现生活中的各种趣事，别总将目光放在孩子的学习上，也别总是觉得自己每天做那么多事情怎么就那么累，越是能发现生活中的快乐，妈妈自己也能越轻松。而当妈妈自己先能放松下来后，就会发现生活中其实充满了幽默，到那时再将这些幽默顺理成章地表现给孩子，他也就会感受到妈妈的幽默感了。

建议二：在合适的时候表达幽默感

幽默感不是随时随地都需要表现出来的，妈妈的幽默感也要找对表现的时候。比如，当孩子的确压力极大的时候，妈妈可以提醒孩子适当休息，而在他休息的间隙，妈妈的幽默感就可以大显身手了。

要注意的是，可不要在孩子正忙碌的时候去表现幽默感，否则他的注意力就真的会被妈妈的幽默感分散了。

建议三：最好只是单纯地表达幽默感

妈妈的幽默感应该表现得更自然一些，也就是说着平常话的时候，一些幽默元素自然而然地流露出来就好。但是，表达幽默感就

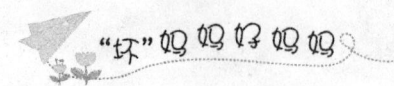

是为了让孩子放松的,所以妈妈只要单纯地表现出幽默来就可以了。而且也完全可以将对话停止在幽默感之后,在幽默过后,千万不要再加上一些"说教",以免孩子前一秒还很开心,后一秒就觉得烦躁了。否则,妈妈的幽默感就被打了折扣,甚至将会完全没有效果了,如果再严重一些,还可能会有副作用。

建议四:可以和其他抚慰方式相结合

当然,对于身心都很紧张的孩子来说,只是简单的幽默感可能只会让他一时放松,妈妈最好将幽默感与其他可以抚慰孩子的方式相结合,幽默的同时也可以改善孩子的伙食,或者给予其他形式的安慰,鼓励他锻炼身体,通过做其他的事情转换心情,等等,都是可以的。

教子箴言

对于个人来说,幽默感很重要,拥有幽默感的人会让其他人感到颇具有亲和力;而对于孩子来说,妈妈的幽默感就是能让他放松下来的一味良药,当原本颇具有家长威严的妈妈开始表现轻松愉快的幽默感时,孩子内心也会随之不再紧张。而且妈妈的幽默感还能传染给孩子,让他也能具备幽默感,从而让自己更加放松。

让孩子做他喜欢而不是你喜欢的事

在很多家庭里,妈妈似乎是个绝对的权威,会要求孩子做很多事情。大部分妈妈觉得这样做是天经地义的,但是,妈妈让孩子做的事情虽然是正确的,却不一定是他喜欢的,所以妈妈应该让孩子做他喜欢的事情而不是妈妈喜欢的事情。

家教现场

女儿刚上小学4年级时,妈妈给她报了一个绘画兴趣班。兴趣班在每个星期六有活动,所以从那时起,女儿的星期六就被绘画班的活动占据了。

对于参加绘画兴趣班,女儿的兴趣并不大,再加上总是占用星期六,女儿觉得很累。终于在一个星期五的时候,女儿对妈妈说:"我不想去参加绘画班了,我不喜欢。"

☆ 家有"坏"妈妈 ☆

妈妈一愣,接着严肃地说:"不喜欢就不去了?这怎么能是理由呢?好好去学习!"

女儿撅着嘴说:"我本来就不喜欢,是妈妈您非让我去的。"

妈妈眼睛一瞪说道:"小女孩画个画多好!当年妈妈想画都没地方学!妈妈那么喜欢的东西,你怎么可能不喜欢?真是好的地方都不随我!别在这儿给我矫情,明天乖乖上课去!上次你们老师留

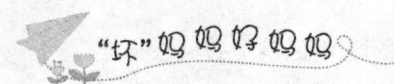

的绘画作业你做了吗？没做赶紧做去！"

女儿委屈地回了自己的房间。

☆ **家有好妈妈** ☆

妈妈惊讶地问道："不喜欢吗？我一直以为你喜欢的。"

女儿委屈地说："因为是妈妈给我报的班，所以我不得不去。但是现在我发现我真的不喜欢，每次画画都没有感觉，也不是很想画，我想我是真的不喜欢画画吧！"

"哦……这样啊，"妈妈想了想才说，"既然不喜欢就算了，也对，是妈妈自己喜欢画画，你又不一定喜欢啊！这回是妈妈的问题了，好吧，如果你不喜欢，那我们以后可以去不了。回头妈妈和你一起去找老师说明情况，退了这个班。不过，你喜欢什么呢？妈妈想听听看，这样以后就不会出现强迫你的情况了。"

"我喜欢滑轮滑，妈妈！"女儿一下子兴奋起来，"能帮我报个学轮滑的班吗？"

妈妈又想了想说："运动型的啊，嗯，这个可以考虑考虑。"

☞ 案 例 分 析 ☜

"坏"妈妈选择自己喜欢的事情让孩子去做，而且还认为"自己喜欢的孩子就一定会喜欢"，这样的想法太过于专断了。每个人都是独立的个体，孩子也一样，孩子只有做自己喜欢的事情才会感到身心愉悦。而相反的，有些事情可能妈妈很喜欢，但是孩子本身却根本没有那么大的兴趣，如果妈妈再强迫孩子去做的话，就会让孩子感到内心很压抑，这显然不利于孩子心理健康的发展。

而好妈妈则很开明，一听说孩子不喜欢，又了解了孩子不喜欢的原因，她决定尊重孩子的决定。更重要的是，她还会主动了解孩子喜欢的事情。因为是做着自己喜欢的事情，孩子就会感到心情愉快。

其实，所有的人都愿意做自己喜欢做的事情，这会让自己感到很舒服，而且做起事来也相当有干劲，也更容易出成绩。孩子更是如此，如果能让他去做自己喜欢做的事情，他甚至能做到废寝忘食的程度。

不过，很多妈妈却并不这么想。她们认为，孩子喜欢的事情无外乎就是玩罢了。于是，妈妈便纷纷转而由自己给孩子布置任务。这些任务一般都是妈妈喜欢的，可能还带有妈妈认为的各种有益于孩子成长的目的，然而孩子如果不喜欢，那他做起来就一定不会开心，可能也就不会认真去做，结果浪费了时间与精力。

所以，妈妈不要那么大包大揽，为了孩子的身心健康，为了让他能常有发自真心的愉悦笑容，还是允许他做自己喜欢做的事情吧。

教 育 建 议

建议一：了解孩子的喜好是什么

妈妈们一定都会说自己很了解孩子，可是孩子的诸多喜好却并不一定是妈妈也了解的。因为在妈妈看来，孩子不管做什么都像在玩，只不过是玩的对象不同罢了。这就是妈妈对孩子了解得不够的表现，即便是玩，妈妈也应该了解孩子到底在玩什么、怎么玩。

平时妈妈要多观察，看看孩子在哪些方面比较在意，对于他提出来的一些要求也要仔细思考，看看是不是与他的喜好有关。有时间的话，也要多和孩子聊一聊，尤其是多关注他的喜好，从他的话

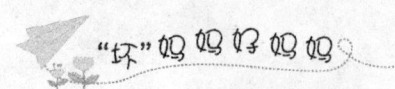

里话外发现他的喜好。妈妈最好要做到心里有数，这样才不会出现盲目逼迫孩子做他不喜欢做的事情的情况。

建议二：引导孩子培养健康的喜好

在孩子缺乏足够的判断能力时，他的喜好是非常"广泛"的，甚至还会包括一些不良喜好，比如，有的孩子可能会喜欢打牌，虽然单纯的打牌是一种娱乐，但如果没有正确引导，这项娱乐活动很有可能就会演变成赌博。

所以，妈妈要引导孩子培养健康的喜好，让他远离那些会对他的心灵、精神造成污染的不良嗜好。妈妈一定要提前给他讲清楚哪些喜好是绝对不能沾染的，并且要讲明其中的利害关系，让他从一开始就能建立起一个大致的个人喜好的正确方向。这样一来，不管孩子再喜欢什么，也不会对他的心理成长造成不利影响了。

建议三：向孩子展示妈妈的喜好

虽然妈妈不能强迫孩子去做妈妈喜欢的事情，但是妈妈却可以换一种方式让孩子意识到除了他自己的喜好，还有很多其他的喜好，这就需要妈妈来展示自己的喜好了。

可以选择与孩子交谈的时机展示。当孩子告诉妈妈他的喜好之后，妈妈也可以说说自己的喜好，或者选择某一天，给孩子展示妈妈都喜欢些什么。比如，一位妈妈很喜欢画画，但她并没有直接告诉孩子，而是每天只要有空闲，就会拿着笔画上两笔，时间长了，孩子也了解到，其实妈妈非常喜欢画画。

这样的展示对孩子的影响是潜移默化的，他会在不知不觉中就发现妈妈的某些喜好很吸引人，可能某一天，他也会开始接触并让自己拥有这样的喜好。

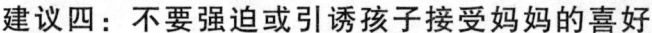

建议四：不要强迫或引诱孩子接受妈妈的喜好

前面提到了妈妈可以向孩子展示喜好，但这里也有一个需要注意的地方，那就是妈妈的表现应该仅仅限于展示，就算孩子问起，也只能告诉孩子自己在干什么，自己感觉如何，而不能强迫孩子接受这个喜好，更不要用"如果你也跟妈妈一样喜欢这个，那你也会变得更好"之类的语言来引诱他。

尤其是有些妈妈的引诱是这样的，"只要你按照妈妈说的去做，妈妈就给你奖励"，这样引诱会让孩子觉得一切都是可以进行交换的，反而更不利于他的心理健康。

所以，妈妈要能接受孩子的喜好，就算他不能按照妈妈的喜好去做，那也是他的自我选择，绝对不能不择手段地将孩子强硬地扭转过来。

教子箴言

做自己喜欢的事情，应该是孩子能感到开心的时刻了。所以，妈妈应该允许孩子顺着自己的意愿去感受愉悦。妈妈要试着去接受孩子的喜好，不管它是多么新潮，或者在妈妈看来是多么不能理解，但至少孩子能专心致志且兴高采烈地去做一件事，他感到很开心，这就足够了。

第七章

向名人妈妈学教子经
——大师怎样做母亲

很多妈妈都想了解名人妈妈是怎样教育孩子的。因为名人之所以能成为名人，一定是有道理的，其中的重要因素就是教育，所以，名人妈妈的教育理念、方法等一定有过人之处。这些名人妈妈的教子经验包含了丰富而深刻的教育哲理，对今天的家庭教育仍有广泛的影响，而且她们的教育智慧依然不断地被运用。所以说，今天的妈妈向她们学习，就等于为自己选择了一条教育孩子、提升家庭教育质量的借鉴之路。

冰心：用妈妈的爱教孩子学会爱

冰心，原名谢婉莹，现代著名作家、诗人、儿童文学家。她把孩子比作一架极其精密敏感的仪器，把父母比作技术工人，这说明培养孩子不但辛苦紧张，而且需要无限的细心和忍耐。冰心用她细腻的爱心培育着下一代，也教下一代学会了怎样去爱。

家教现场

冰心的名言是"有了爱就有了一切"。她一生的言行，她几百万文字的著作都在说明她对祖国、对人民无比的热爱。

人们能从冰心的文学作品中感受到爱、获得爱，因为她爱自然、爱祖国、爱历史文化，爱一切美好的事物。同样，爱心也是冰心培养自己子女的重要主题。

冰心的女儿叫吴青，从女儿记事起，冰心就让她养一些小动物，并嘱咐女儿好好照顾这些小动物，目的是培养孩子对动物的爱心和同情心。冰心还时常对女儿说："小动物都是有生命的，它们都应该受到尊重。"

吴青小时候非常淘气，喜欢捕蜻蜓、扑蝴蝶、抓麻雀。冰心每次见到吴青捕捉小动物回家，总是对她说："你把它放了吧！否则它的妈妈会着急的。你想，要是你在外面找不着妈妈了，会是什么感受呢？"吴青听了妈妈的话，就会把小动物给放了，看着重获自

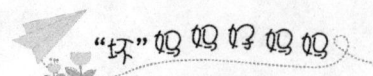

由的麻雀或蜻蜓,还有妈妈慈爱的微笑,吴青的心里总有一种暖暖的爱意。

在冰心看来,培养孩子有爱心,不仅要让孩子爱护花草树木和小动物,更要让孩子懂得爱自己的父母、老师和同学。在吴青12岁的时候,跟着父母在日本读书,上的是美国的教会学校,吃穿用的都是美国商品。冰心特别担心年少的吴青因为受到美国文化和价值观的影响而忘了自己的祖国。

后来,美国耶鲁大学请吴青的爸爸去教书,冰心更怕女儿到了美国之后受国外的影响,而遗忘了祖国,于是决定送女儿回国,让她在自己的祖国接受教育。

冰心一生都把爱给了孩子,给了学生,给了全天下的小朋友。同样,她的爱心和行动,也在女儿的身上体现出来。如今,吴青已是一位70多岁的老人,受妈妈的影响,她一贯乐于参与社会公益事业,除了在北京外国语大学的教学工作外,她几乎把所有的业余时间都用于为普通妇女讲学,传授维护妇女权益的法律知识等事情上。

案例分析

有人说,世界之所以美好,就是因为有爱,而爱来自人的内心,所以说,有爱心的人才能拥有美好的人生。一位充满爱心的妈妈,必定会教育出一个充满爱心的孩子。

爱不是空口无凭的承诺,不能只用语言来表达,孩子在用眼睛和心灵感知妈妈的一言一行。孩子的心灵是一个宝盒,他们希望收藏的是妈妈的仁爱与慈悲。

一位能够把爱传递给孩子的妈妈,必定也能把爱传递给他人。

如果妈妈的爱只针对自己的孩子，那么，孩子从妈妈的言行中学到爱便太过于狭隘。所以说，要给孩子爱，并教孩子学会爱，这首先要求妈妈有爱，有一个仁慈而博爱的胸怀。

也许有的妈妈会说，现在每家都只有一个孩子，不仅是爸爸妈妈疼爱，连爷爷奶奶乃至于全家人都很疼爱他，孩子怎么会没有爱呢？父母长辈爱子女是人之常情，但真正爱孩子不仅仅是要对孩子施于爱心，还要教孩子学会爱别人。这样，孩子才会用爱与人交流，而不会形成只要求别人爱自己，而不关心爱护他人的自私性格。

妈妈的爱被人们称之为最伟大的爱。这种爱的伟大不仅仅是因为无私，还因为妈妈对孩子的教育会影响到未来社会的风气，更影响着孩子一生的幸福与未来。未来的社会是否是一个充满爱心的社会，妈妈负有很大的责任，因为这取决于妈妈是否在孩子的心里种植了爱的种子，是否让他心中有爱，是否教会了孩子去爱别人。所以，妈妈一定要用爱来浇灌孩子的心灵，并让孩子学会如何去爱人。内心有爱的孩子，在情感上才足以成为一个完整的人。

••••••➤ 教 育 建 议 ◄••••••

建议一：妈妈先要做有爱的人

要想教孩子学会爱，妈妈自己首先要有爱，就像冰心一样，她自己就是一个有爱的人。要知道，孩子一生中模仿的第一个榜样就是妈妈。妈妈有爱，孩子就会模仿妈妈的爱；妈妈的爱不多，或者没有爱，或者只有恨，那孩子也就不会模仿到爱，就会学到恨。

所以，还是那句话，教儿教女先教己，自己做好了，有爱了，

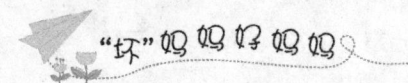

孩子自然会做有爱的人。千万不要以为孩子只靠说教就能教得好，要给他做出好的榜样来。另外，妈妈做一个有爱的人，对自己也是大有好处的，有爱的人，心会更善良，更平和，更懂得为他人付出，从而让自己获得更多的福气，所谓"施比受更有福"说的就是这个道理。既然如此，我们又怎么不让自己有爱呢？为了自己，为了孩子，我们都要做一个有爱的人。

建议二：教孩子懂得爱父母

从小给孩子的心灵播下爱的种子，比给他任何财富都强。这一点，在冰心教女的实践中得到了验证。教孩子学会爱，首先要让孩子懂得爱自己的父母。因为父母是对孩子倾注爱最多的人，如果不能先让孩子学会爱自己的父母，那么孩子对别人的爱也不会是真心的。

教孩子学会爱父母，是孩子拥有爱心的基础。只有爱自己父母的人，心中的爱才是真爱。如果连对自己有养育之恩的父母都不能回馈以爱心，那么他的内心也就无爱可言了。

建议三：要给孩子一颗柔软的心

有人说，世界上最柔软的东西有两种，外在的世界是水，内在的世界是心。妈妈要让孩子心中有爱，就要让他拥有一颗柔软的心。当一颗心不冷漠的时候，才能准确地感知外面的世界，感知他人的冷暖，才懂得在别人需要的时候去付出爱心。

孩子如果一直被宠爱滋养着，他小小的心灵便很难理解宽容、谦让等词汇。如果给孩子一个爱的对应，比如，一只小动物，一个称心的玩伴，便能触及他心底的柔软与温暖。这样可以启发他们以爱的视角去看待一切，用一颗柔软的心来面对世界。

建议四：教孩子学会与人分享爱

爱是人类最伟大的情感，而爱的伟大之处就在于无私。所以，妈妈教育孩子学会爱，还要让孩子学会与人分享爱，这样孩子的心胸才会更宽广。

一个孩子原来是独享妈妈的爱，当家里来了第二个孩子，这个孩子便会感到失落；当妈妈去亲近别的孩子，比如，亲吻、拥抱别的孩子，这个孩子也会满心不快。可见，孩子要与人分享爱是需要妈妈去教的。要孩子学会与人分享爱并不容易，关键是爱他的妈妈应该好好教导他，并让他相信，他不会失去曾经拥有的一切。妈妈要引导孩子学会享受付出爱带来的快乐，并在孩子为他人付出爱时及时表扬他，这样他就会学会与人分享，并乐于与人分享爱。

建议五：爱孩子要智爱不要溺爱

每一位妈妈都爱自己的孩子，但不等于每一位妈妈都会爱自己的孩子。只有理智的爱，才能促进孩子的健康成长，而溺爱却会害了孩子。

苏联教育家高尔基曾说："溺爱是误入孩子口中的毒药。如果仅仅是为了爱，连老母鸡都能做到这一点。"溺爱是低层次的爱，会对孩子的成长造成不良的影响，真正的爱是理智的、高尚的爱。所以，妈妈在爱孩子的过程中应该多一些理智，要智爱不要溺爱。

什么样的爱是溺爱？什么样的爱是智爱？溺爱所关照的是孩子表面的需要，如孩子喜欢吃，就满足他，却不注重孩子发育过程中其他方面的需要。真正理智的爱，不是一味地满足孩子的欲望，而是去满足孩子思想和身体成长的需要。如孩子不喜欢劳动，但为了培养孩子爱劳动的良好品质，就不要纵容孩子的懒惰，而是要让孩子去劳动。

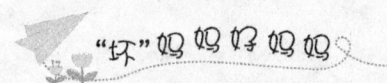

智爱是对孩子全面的关心,尤其要关照孩子的品质和心灵,意味着关心、理解、责任和尊重;而溺爱只是片面的关心,仅仅是满足了孩子表面的需要。不顾后果、缺乏理性、只懂得从物质上满足孩子的爱,是害不是爱。

居里夫人:跟孩子一起玩"智力体操"

居里夫人,是世界上第一位两次获得诺贝尔奖的科学家,取得了很多科研成果,但她从来没有忽略对两个女儿的教育。她善于抓住各种机会来培养她们,比如,她经常跟孩子们一起玩"智力体操"以开发她们的智力,她也将一生追求事业和高尚品德的精神延续到了她们身上。

◆ 家 教 现 场 ◆

在女儿们小的时候,居里夫人就重视对她们的早期教育。她善于把握孩子智力发展的年龄优势,为女儿们独创了一套"幼儿智力体操",内容包括:带女儿们多接触一些陌生的东西,带她们到动物园看动物,与小猫、小狗一起玩儿;带她们去公园欣赏绿草地,观察熙熙攘攘的人群,教她们辨别各种植物,使女儿们很小就喜欢大自然的美景。

待女儿们年龄大一些的时候,居里夫人开始给她们安排智力训练和手工制作的游戏,如简单的数字计算、颜色识别、画画、做泥塑等。

居里夫人还鼓励女儿们在庭院里种植物，给它们浇水、除草、施肥等。有时，居里夫人还带她们去散步，给她们讲一些关于动植物的常识和小故事。

为了鼓励女儿们在家里进行体育锻炼，居里夫人还特意在自家的花园里设置横架，上面有吊杆、滑绳、吊环等器械，让她们可以经常锻炼身体。平时，居里夫人也会抽出时间来，陪女儿们骑自行车出游。1911年，她还首次带女儿们去波兰旅行。

"幼儿智力体操"陪伴了两个女儿的成长，不仅增长了她们的智力，也培养了她们其他方面的能力，使她们得到全方位的发展。长女伊雷娜也成为一名核物理学家，与丈夫约里奥因发现人工放射性物质，共同获得诺贝尔化学奖；次女艾芙成为一名音乐家、作家。

案例分析

居里夫人独创"幼儿智力体操"，通过手工制作、智力训练、参加户外活动和体育锻炼，开发女儿们的智力，并积极投身于她们的活动。这种方式不仅培养她们爱劳动、爱生活的情趣，还增进了亲子之间的感情，值得妈妈们借鉴。

如今，很多妈妈越来越重视孩子的早期教育，认为早教越早越好，于是投入了巨大的精力和财力。可是，妈妈对早教的认识存在一定的偏差，只是一味地用认字、数数、学拼音等方法"开发孩子的智力"，却忽略了运动、户外活动对孩子智力的影响。

一项研究表明，幼儿身体的发展与其心理能力的提高是息息相关的。体育活动对儿童智力发展的促进作用，如同对体力发展的作用一样，有着积极的影响。

此外，有些妈妈与孩子间存在严重的沟通问题，找不到合适的话题和孩子聊天、谈心。其实，妈妈只要多抽出时间陪陪孩子，和他一起玩，就会增加很多和孩子的对话机会，从而增进亲子间的感情。同时，在玩儿的过程中，妈妈还可以发现孩子的兴趣和爱好。

没有谁比妈妈更了解自己的孩子，做妈妈的只要用心体会居里夫人的良苦用心，一样可以根据孩子自身的情况设计出一套"智力体操"，从而用爱和智慧培养出优秀的孩子。

教育建议

建议一：多关注孩子的手工制作

妈妈先要让孩子拥有一双灵巧的双手，进而让他拥有一个发达的头脑，而手工制作就可以实现这一愿望。手工制作是在大脑的支配下进行的，制作的过程可以说是对大脑神经的间接训练。其间，孩子可以充分发挥想象力，培养创新思维和创造意识。因此，妈妈要为孩子的手工制作创造条件，鼓励他参加手工活动。

妈妈可以从欣赏手工作品开始，培养孩子的兴趣，比如，亲自动手折一些小兔子、小狐狸等小动物，吸引孩子的注意力，引起他的兴趣。然后，可以手把手教孩子制作，进而鼓励他开动脑筋，折一些新鲜的小玩意儿。这个过程，妈妈要为孩子准备好彩纸、胶水、剪刀等材料和工具。当然，妈妈也可以鼓励孩子利用废旧的报纸、矿泉水瓶、纸盒等做一些玩具模型。

建议二：将体育锻炼纳入孩子的"智力体操"

经常参加体育锻炼，不仅有利于增强孩子的体格发育，还能加速血液循环，促进新陈代谢，为大脑提供高质量的营养，从而起到促进智力发展的作用。因此，妈妈可以将体育锻炼纳入专门为孩子制定的"智力体操"。

有个女孩体质比较差，妈妈和她开始了"打排球"的活动，女孩也迷恋上了这个活动。这个"排球"不是实际比赛中的排球，而是妈妈专门从超市买来的小橡皮球，这个"排球"不仅质量轻，体积大，速度也不快，适宜六七岁的孩子玩儿。又由于质量小，冲击力比较小，不容易打碎室内的器皿。平时，妈妈会腾出五六平方米的地方，用小方凳划界，陪着女儿打上几个回合，有时能打到十几个，甚至几十个回合。如果妈妈没时间，女孩就一个人颠球，对着墙壁打，一边打，一边数数，充分起到了锻炼身体的作用。这位妈妈发明了一种适宜孩子玩的"排球"，并积极参与到打排球的活动中来。这种方式不失趣味性，也充分调动了孩子锻炼身体的积极性。

所以，在日常生活中，妈妈也要充分发挥想象力，将兴趣融入体育活动中，比如，把比赛积分的规则、适度的奖惩措施等融入跳皮筋、跳房子、弹球等游戏中。

建议三：陪孩子一起参加户外活动

户外活动可以让孩子沐浴阳光，多呼吸新鲜空气。一般经常在室外活动的孩子，身体抵抗力比较强，思维也比较活跃。因此，妈妈也可以经常带孩子参加户外活动。比如，春天带孩子一起去踏青，夏天参加一些游泳活动等。当然，户外活动必须在安全得以保证的前提下进行，妈妈还要充分考虑到孩子的身心承受能力。

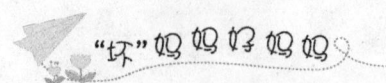

此外，妈妈也可以充分利用家附近可供孩子玩耍的场地，比如，晚饭后带孩子散步，让他玩一玩小木马、秋千、滑梯等活动设施。

当然，也可以参考居里夫人跟两个女儿的户外活动项目来进行相关的户外锻炼。

建议四：学会和孩子一起玩儿

贪玩是孩子的天性，在孩子不知道如何与同龄小朋友一起玩之前，妈妈是孩子最好的玩伴，连居里夫人也不例外。妈妈只有懂得如何和孩子玩，才能懂得如何教育孩子。

妈妈和孩子一起做游戏，一定要遵循以下原则：放下长辈的身份，变指导者、旁观者为合作者，不敷衍了事；尽量采用蹲、坐、跪的姿势，与孩子平视，不给孩子压迫感；还有不嘲笑孩子的幼稚。妈妈只要做到以上几点，孩子就会把妈妈当成他的游戏伙伴了。

斯特娜夫人：让兴趣做孩子最好的老师

斯特娜夫人，美国著名教育家，经过多年的研究和实践后，她形成了自己独特的教育思想，即"自然教育"理论。她不仅将自己的女儿教育成才，而且她还想让世人也了解早期教育对孩子成长的重要性。于是，她著书立说，成立自然教育学校，培养了众多优秀孩子。

家教现场

在培养女儿维尼芙雷特的过程中，斯特娜夫人认为，在所有的学科中，再也没有比数学更难让孩子感兴趣的了。尽管女儿通过游戏学会了数数，而且在买卖游戏中她也学会了数钱。但是，当斯特娜夫人教女儿学习乘法口诀的时候，却遇到了前所未有的困难——维尼芙雷特有生以来第一次厌弃学习。5岁的她就是不愿意死记硬背那些口诀，即使斯特娜夫人将其编成了歌谣，女儿也拒绝接受。

后来，斯特娜夫人带着女儿到纽约州的肖特卡做演讲，遇到了芝加哥斯他雷特女子学校的数学教授洪布鲁克。在听了斯特娜夫人的担心之后，洪布鲁克教授一语道破了问题的所在："您的女儿对数学缺乏兴趣绝不是她的片面发展，而是您的教学方法出了问题。您自己喜好语言学、音乐、文学和历史，所以在教她这些知识的时候可以教得很有趣，她自然也能学好。但是您自己都不喜欢数学，您又该如何有趣地教给女儿呢？"接着，他向斯特娜夫人传授了几招方法，以帮助她教育女儿学习数学。

后来，斯特娜夫人按照洪布鲁克教授的指点改变了自己的教学方法。她首先要让孩子对数字产生兴趣。有时候，她会把豆子或纽扣等放进纸盒子里，和女儿各抓出一把，然后数数看谁抓出来的多；或者在吃葡萄等水果的时候，数一数它们的种子有多少；还有在帮助女佣剥豌豆的时候，一边剥一边数不同形状的豆荚中各有几粒豆子……在一系列的游戏和活动中，她逐渐培养起了女儿对数字的兴趣。

接下来，斯特娜夫人和女儿又玩起了一种分组游戏。她们把豆

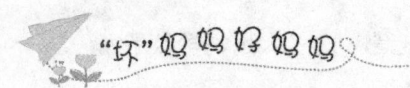

子和纽扣两个一组，分成两组或三组，或者是三个一组，分成三组或四组，把它们排列起来，数数各是多少，并把结果写在纸上，然后把这个游戏的结果做成了乘法口诀表挂在墙上。这样一来，维尼芙雷特就懂得了"二二得四、三三得九"的道理。就这样，斯特娜夫人经过耐心的"兴趣教育"，终于让女儿在快乐中学会了数学。

案例分析

瑞士教育家皮亚杰说："所有智力方面的工作都要依赖于兴趣。"可见，兴趣是最好的老师。斯特娜夫人最开始之所以没能让女儿很好地学会乘法口诀，就是忽略了女儿对数学的兴趣。而她接受建议之后，通过正确的方法，让女儿觉得数学"非常有意思"，所以再教她背口诀就容易了许多。

孩子有他最直接的喜好判断，感兴趣的、喜欢的知识他就想要学，而且也学得认真；一旦他感觉妈妈要他学的一些东西没有什么意思，那么他无论如何都不会认真去对待的。而有的时候，一些知识却又是需要孩子必须掌握的，是孩子学习、生活中必不可少的；还有一些知识，尽管现在看不出来太明显的作用，但也许会对孩子的未来具有十分长远的意义。因此当孩子表现出不想学习，或者对所学知识不感兴趣的时候，妈妈不要就此变得急躁，也不要就此认为孩子不好学，而是应该采取适当的办法来引导孩子，要既能让他心甘情愿地将知识学进去，又不会破坏他的兴趣，同时还能使他的思维得到发展。

所以，妈妈要学会转换视角，也许孩子不想学或者学不会的知识，只不过是他对那些不感兴趣。妈妈的教育只有以孩子的兴趣为前提，这样他才能学得更多。

兴趣是人的行为的原动力，所以，激发孩子的兴趣，就能激发他对知识的渴望。孩子对学习有兴趣，就会自觉地去学习，从而吸纳更多的知识。

教育建议

建议一：善于发现孩子的兴趣

有些妈妈希望培养孩子某一方面的兴趣，却不知道如何下手。事实上，妈妈应该学会做一个有心人，为孩子创造一些条件，仔细观察孩子的习惯，在生活中发现孩子的兴趣并及时培养，进而将其转化为孩子的爱好和特长。

好奇心是孩子勇于探索的精神动力，也是孩子学习兴趣的源泉。妈妈要呵护孩子的好奇心，鼓励他探索，还要善于抓住时机，丰富孩子的知识。所以，妈妈不要盲目地制止孩子的某些行为，比如，孩子喜欢玩儿水，做一些小实验、喜欢拆装玩具，等等。

当然，妈妈不能只是欣赏孩子的兴趣，还要主动调整自己的心态，以极大的热情支持并引导他的兴趣，如果能使其发展成为一项特长就更好了。

建议二：不对孩子施行强迫式教育

当孩子不愿意学习的时候，妈妈应该积极地寻找原因，看究竟是孩子自身的原因，还是自己的教育方式出了问题。总之，妈妈不能对孩子施行强迫式的教育。切记，不能一看见孩子对学习流露出厌烦情绪，就产生抱怨情绪，更不能因此而打骂孩子。否则，孩子

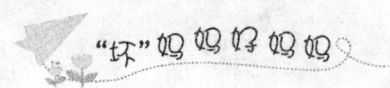

就会更加不愿意学,一旦他从心底对学习产生了厌烦,那么再让他好好学习就很难了。

要知道,无论在外人看来多么有意思的知识,若是孩子自己没有兴趣,那他就永远也不会主动去学习。所以,妈妈应该避免采取强迫式做法,要多思考分析,不要不管不顾孩子的心理,一味地强迫孩子去学习。

建议三:将知识与孩子的兴趣联系起来

孩子随着年龄的增长,他的知识理解水平与兴趣接受程度就会发生变化。所以,妈妈要细心观察,既不能总认为孩子的理解力就是幼儿水平,也不能不考虑孩子的能力水平。只有将知识与孩子的兴趣恰当地联系起来,才能激发孩子对知识学习的渴望。

其实有不少的知识,妈妈可以从孩子的日常生活中对其进行启发,这样既能贴近孩子的生活,也能让孩子更好地进行联想,可以让孩子在不知不觉中增加知识。

当然,妈妈也要注意,将知识与孩子的兴趣相联系,也需要有针对性,不要为了引出孩子的兴趣,硬将不相干的事情联系在一起。

建议四:通过兴趣引导孩子的自主思维能力

妈妈培养孩子的兴趣,为的是要让孩子能够学到相应的知识。而同时妈妈也要有意识地将孩子的自主思维能力引导出来,让他学会自我思考与分析。还要防止孩子形成依赖心理,避免"一旦不对其进行兴趣培养,他就不会学习"的情况出现。

建议五:让孩子对自己的兴趣负责

有些孩子"三天打鱼,两天晒网",凭借一时的兴趣,学习某一项特长或者学科。当遇到困难了,或者兴趣退减后,他便不再学习了。其实，在培养孩子的兴趣之前，妈妈应该告诉他，学习某一项特长，要有锲而不舍的精神，有负责任的态度。

妈妈除了要引导和培养孩子学习某一项技能的兴趣，也应该让孩子学会对自己的行为负责，培养他锲而不舍的精神。当然，当孩子的兴趣没有了，妈妈也不能简单地强迫孩子坚持，还是要从兴趣入手，让他主动学习，从而培养他负责任的态度。

甘地夫人：教孩子直面挫折，从容不迫地生活

甘地夫人，是印度政治家尼赫鲁的独生女儿，1967年当选为印度总理，1971年蝉联总理一职，并在1980年的大选中再次获胜。在政治上，甘地夫人取得了巨大的成就，在教育子女方面，她也不落后，她教会孩子直面人生的各种挫折，并且能够从容不迫地生活。

家教现场

在甘地夫人看来，大儿子拉吉夫的出生是她生活中最快乐的时刻。她说能把一个新的生命带到这个世界，看着他成长，梦想他光辉的前程，这真是令人陶醉的体验。

甘地夫人非常爱他的儿子，并认为教育的主要责任落在妈妈肩上。她希望儿子是一个坚强的人，能够在人生中从容不迫地应对各种变化。

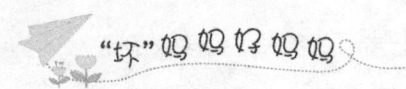
"坏"妈妈好妈妈

在儿子拉吉夫 12 岁的时候,因病要做一次手术。面对紧张的拉吉夫,医生准备说一些"善意的谎言",缓解一下他的紧张情绪,比如,安慰孩子说:"手术其实并不痛苦,无须害怕。"可是甘地夫人却认为,拉吉夫已经懂事了,那样反而不好。所以她谢绝了医生的好意。

随后,甘地夫人来到儿子的床边,平静地告诉拉吉夫:"首先,手术后有几天会比较痛苦;其次,妈妈如果能代替你受苦,就一定会这样做,可是谁也不能代替你,所以你必须要有精神上的准备;第三,哭泣和叫苦并不能减轻痛苦,可能还会因情绪激动而引起头痛。"

拉吉夫听了妈妈的话,点了点头。他明白妈妈的意思,他要做一个坚强的人,因为没有其他选择。拉吉夫勇敢地进了手术室,手术后他并没有哭,而是勇敢地承受了这一切。医生说,就是在成年人中也没有见过表现这么好的病人。

案 例 分 析

生活从来都不是一帆风顺的,甘地夫人正是深深地知道这一点,所以才不准备用善意的谎言去安慰孩子,而是让孩子直面生活中的困难,让他理性而勇敢地去面对挫折。甘地夫人对孩子的爱是理智的,只有理智的爱才能真正地让孩子受益。

很多妈妈常常会抱着自己吃过苦就不想再让孩子吃苦的心理,努力地避免孩子经受挫折和打击。但是她们忽略了一个现实:对每个人来说,挫折都是普遍存在的。对于孩子来说,挫折是他的必修课;对于渴望成功的人来说,挫折甚至是一笔巨大的财富。没有经历过挫折的人很难适应复杂多变的社会,他们会因为难以适应而深感痛苦。

既然挫折在所难免,那么妈妈就应该抛弃"善意的谎言",让孩子直面人生的挫折,接受挫折,战胜挫折,在挫折中成长,而不是逃避挫折,要让孩子像个真正的勇士一样从容不迫地面对各种困境和挑战,这才是孩子应该接受的最好的挫折教育。

不同年龄段的孩子会遇到不同的困难,而孩子成长的过程就是一个不断摔倒再爬起来的过程。生活中本来就有许多需要克服的困难,这并不意外,所以妈妈和孩子都不需要紧张。

教育建议

建议一:要允许你的孩子失败

孩子初学走路时,虽然会一次次跌倒,而妈妈总会用充满期望的目光鼓励孩子站起来。但随着孩子渐渐长大,有的妈妈却越来越计较孩子的失败。某一次成绩不理想,某一项技能略不如他人,妈妈就会紧张起来,甚至因此而斥责孩子,质问孩子:"为什么会这样?"

妈妈面对孩子失败时紧张的情绪,会导致孩子对自己失去信心,并因此而害怕失败,害怕面对妈妈那失望的眼神,甚至战战兢兢、畏缩不前。

要让孩子直面挫折,妈妈首先要允许孩子失败,不要因孩子的失败而惩罚孩子。失败是每个人都会遭遇的事情,孩子如何面对失败恰恰能反映妈妈的心态。其实,越是在宽松的成长环境中长大的孩子越是不怕失败,而苛责的成长环境会让孩子惧怕失败。

明白了这个道理后，妈妈应该反思一下自己望子成龙的迫切心情，要给孩子更多的理解、信任和鼓励，用宽容和爱心去帮助孩子。要允许孩子失败，并及时地鼓励他从失败中站起来，让孩子相信，他最终一定会成功，妈妈都永远会支持他。在妈妈的支持和鼓励下，孩子会毫无思想压力地去努力，并能从一次次的失败中汲取教训，最终走向成功。

建议二：注意提升孩子的勇气

在遭遇困难和挫折时，孩子的心里常常会没底，这时，他会从周围人的反应来验证自己的想法，如果这时妈妈告诉孩子："勇敢点，你一定行！妈妈相信你！"看似非常简单的一句话，却能传递给孩子战胜困难的勇气，孩子会从中得到力量。拉吉夫在进行手术前，甘地夫人跟他的一番谈话，也给了他极大的勇气，让他变得更加坚强。

要提升孩子的勇气，就要打消他的顾虑，让他知道他所害怕的某种事物其实并不可怕。挫折和失败也是一样，要让孩子以平常心来面对，这样，孩子自然也就会更加勇敢了。

建议三：增强孩子的心理承受力

孩子也会在生活中遇到各种压力，比如，考试不及格、学习没兴趣、同老师关系紧张、和同学相处不愉快，等等，这些都会给他带来很大的心理压力。

尤其是那些性格内向，成绩不是很好的孩子，他面对的压力更大。如果妈妈不能正确指导孩子，他的心理压力得不到舒展，长此以往会形成更大的精神负担。为了增强孩子的心理承受力，妈妈可以有目的、有计划地对孩子进行一些"心理操练"，比如，跟孩子比赛下棋，故意输他几局，以此来给他鼓鼓劲、打打气。

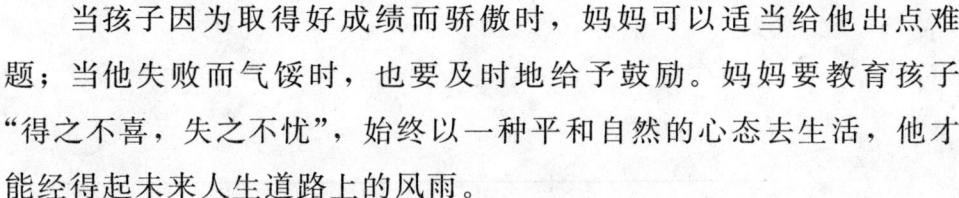

当孩子因为取得好成绩而骄傲时,妈妈可以适当给他出点难题;当他失败而气馁时,也要及时地给予鼓励。妈妈要教育孩子"得之不喜,失之不忧",始终以一种平和自然的心态去生活,他才能经得起未来人生道路上的风雨。

建议四:鼓励孩子接受不可避免的事实

有句俗语说:"覆水难收,后悔无益。"所以,妈妈要教孩子学会接受既定的事实,哪怕事实不尽如人意,甚至与自己的愿望是相反的,也要让孩子勇敢、大胆地接受。汽车大王亨利·福特曾说:"失败不过是一个更明智的重新开始的机会。"妈妈要让孩子懂得,无论做什么事情,只要自己尽了最大努力,就要接受最终的、不可避免的、或好或坏的结果。

建议五:教孩子控制自己的情绪

在孩子成长的道路上,最大的敌人之一不是他的青涩年幼,也不是他缺少机会的眷顾,而是在面对困难和挫折时缺乏对情绪的控制。一个能够控制自己情绪的孩子,总是安详而快乐的,即使遇到挫折,他也能够及时地调整自己,不会因情绪低落而做错事;一个能够控制自己情绪的孩子才能成就大事,征服了自己就能征服一切。掌控情绪,才能掌控未来。妈妈要让孩子知道,发怒和冲动不能解决任何问题,只会让事情变得更糟。这就正如甘地夫人对拉吉夫所说的,"哭泣和叫苦并不能减轻痛苦,可能还会因情绪激动而引起头痛"。既然这样,拉吉夫怎么还好哭泣和叫苦呢?

所以,当孩子因为遇到困难而被烦恼、愤怒和绝望等负面情绪包围时,妈妈要让他以一颗包容的心来看问题,要多从自身寻找原因,并学会以平和的心态看待与他人之间的摩擦。久而久之,孩子就能变得心胸宽广,自然也就能控制住情绪了。